INHALTSVERZEICHNIS

1 Arbeiten mit Variablen ... 5
  A Variable, Terme und Formeln ... 5
  B Gleichungen und ihre Lösungen ... 9
  C Gleichungen mit entgegengesetzten Rechenarten lösen ... 13
  D Umformen von Formeln ... 17

2 Teiler und Vielfache ... 18
  A Teilermenge und Vielfachenmenge ... 18
  B Teilbarkeitsregeln ... 21
  C Primzahlen/Primfaktorenzerlegung ... 24
  D Größter gemeinsamer Teiler ... 27
  E Kleinstes gemeinsames Vielfaches ... 29

3 Brüche ... 33
  A Brüche als Teile eines Ganzen/Brucharten ... 33
  B Brüche als Dezimalzahlen darstellen und umgekehrt ... 36
  C Bruchteile einer Größe – das Ganze/den Anteil bestimmen ... 38
  D Kürzen und Erweitern ... 41
  E Vergleichen von Brüchen/Ordnung ... 43
  F Addition und Subtraktion von Brüchen ... 45
  G Multiplikation und Division von Brüchen und natürlichen Zahlen ... 47
  H Multiplikation und Division von zwei Brüchen/Doppelbrüchen ... 49
  I Verbindung der Grundrechnungsarten ... 51

4 Prozent und Promille ... 53
  A Bruchteile in Prozent angeben/graphische Darstellung ... 53
  B Prozentwert bestimmen/prozentuelle Änderungen ... 56
  C Grundwert bestimmen ... 59
  D Promille ... 60

5 Geometrische Grundbegriffe ... 62
  A Punkt, Strecke, Strahl, Gerade ... 62
  B Winkel/Winkelmaße ... 64
  C Winkelpaare ... 66
  D Das Koordinatensystem ... 68
  E Symmetrie ... 70
  F Streckensymmetrale und Winkelsymmetrale ... 72

6 Dreiecke ... 74
  A Beschriftung/Einteilung/Winkelsumme ... 74
  B Dreieckskonstruktionen/Kongruenzsätze ... 76
  C Höhenschnittpunkt/Umkreismittelpunkt ... 82
  D Inkreismittelpunkt/Schwerpunkt/Eulersche Gerade ... 84
  E Besondere Dreiecke/Satz von Thales ... 86
  F Flächeninhalt des rechtwinkligen Dreiecks ... 88

7 Vierecke und Vielecke ... 90
- **A** Bezeichnung, Winkelsumme, Bestimmungsstücke und Arten von Vierecken ... 90
- **B** Parallelogramm/Rechteck ... 92
- **C** Flächeninhalt des Parallelogramms ... 94
- **D** Raute/Quadrat ... 95
- **E** Flächeninhalt der Raute ... 97
- **F** Trapez ... 98
- **G** Flächeninhalt des Trapezes ... 100
- **H** Deltoid ... 101
- **I** Flächeninhalt des Deltoids ... 103
- **J** Regelmäßige Vielecke ... 104

!TOP THEMA 8 Prismen ... 106
- **A** Eigenschaften und Schrägriss ... 106
- **B** Netz, Oberfläche und Volumen eines Prismas ... 112
- **C** Zusammengesetzte Körper ... 117
- **D** Umkehraufgaben ... 120

!TOP THEMA 9 Zuordnung – Proportionalität ... 122
- **A** Darstellung von Zuordnungen ... 122
- **B** Direkte Proportionalität ... 124
- **C** Indirekte Proportionalität ... 126
- **D** Schlussrechnungen ... 128
- **E** Absolute, relative, prozentuelle Häufigkeit ... 131

10 Statistik ... 131
- **A** Absolute, relative, prozentuelle Häufigkeit ... 131
- **B** Mittelwert ... 133
- **C** Graphische Darstellung von Daten/Manipulation durch Graphen ... 135

11 Schularbeiten ... 139
- 1. Schularbeit ... 139
- 2. Schularbeit ... 140
- 3. Schularbeit ... 141
- 4. Schularbeit ... 142
- 5. Schularbeit ... 143
- 6. Schularbeit ... 144

12 Formelsammlung ... 145

Arbeiten mit Variablen

A Variable, Terme und Formeln

- Mit Variablen und Termen lassen sich viele Sachverhalte kurz und übersichtlich beschreiben.
- **Für unbekannte Zahlen**, die sich ändern können, werden oft **Buchstaben als Platzhalter** verwendet.
- Diese Platzhalter heißen **Variable.**
- Setzt man für die Variable eine konkrete Zahl ein, erhält man den **Wert des Terms.**
- Als **Term** bezeichnet man einen Ausdruck, der aus Zahlen, Variablen, Klammern und Rechenzeichen besteht und mathematisch sinnvoll ist.
  Es gibt verschiedene **Arten von Termen**:

REGEL

eingliedrige Terme **(Monome)**: $4;\ 5 \cdot x;\ a \cdot b \cdot c;\ \frac{1}{2} \cdot z;\ \ldots$
zweigliedrige Terme **(Binome)**: $1 + 2;\ 3 \cdot a + 5;\ x - y;\ \ldots$
mehrgliedrige Terme **(Polynome)**: $4 \cdot x + y - 1;$
$\qquad\qquad\qquad\qquad\qquad\qquad 2 - a \cdot b + c - 5 \cdot d;\ \ldots$

ACHTUNG

$a : 0$ ist kein Term, da man durch Null nicht dividieren darf!

1 Unterstreiche die Monome orange, die Binome rot und die Polynome blau.

a) $2 \cdot s + b$ c) $7 \cdot d$ e) $a + 2 \cdot b - 3 \cdot c$ g) $\frac{4}{5}$

b) $3 - 2 \cdot g$ d) $2 \cdot e \cdot r \cdot t$ f) $3{,}4 + e \cdot 3 - f + k$ h) $1 + 4 \cdot z$

2 Gegeben ist der Term $5 \cdot x + y$. Setze die gegebenen Zahlen für die Variablen ein und berechne den Wert des Terms.

| $x = 5,\ y = 2$ | $5 \cdot 5 + 2 = 25 + 2 = 27$ |

a) $x = 3,\ y = 1$ $5 \cdot x + y = 5 \cdot 3 + 1 = 16$

b) $x = 10,\ y = 9$ $5 \cdot x + y = 5 \cdot 10 + 9 = 59$

c) $x = 20,\ y = 30$ $5 \cdot x + y = 5 \cdot 20 + 30 = 130$

d) $x = 45,\ y = 62$ $5 \cdot x + y = 5 \cdot 45 + 62 = 225 + 62 = 287$

1 Arbeiten mit Variablen

3 Berechne den Wert des Terms.

a) $0,5 \cdot x + 2 \cdot y$ mit $x = 4, y = 7$ _____

b) $9 \cdot e - 5$ mit $e = 8$ _____

c) $x - 2 \cdot y + 5 \cdot z$ mit $x = 23, y = 5, z = 0,2$ _____

d) $x + y - z : 2$ mit $x = 5, y = 6, z = 10$ _____

e) $2 \cdot x - 3 \cdot y + z$ mit $x = 3, y = 1, z = 5$ _____

f) $0,2 \cdot e + 0,1 \cdot f$ mit $e = 10, f = 10$ _____

- Viele **Alltagssituationen** lassen sich durch **Terme** bzw. **Formeln** beschreiben:

a) Karin organisiert einen Theaterabend. Eine Karte kostet 25 €. Sie weiß jedoch noch nicht, wie viele ihrer Freundinnen mitgehen werden.

Anzahl der Theaterinteressierten x
Gesamtkosten für die Theaterkarten .... $25 \cdot x$

Kosten, wenn Karin und zwei
Freundinnen ins Theater gehen, d. h. $x = 3$ .... $25 \cdot 3 = 75$ €

Bezeichnet man die Gesamtkosten mit K,
kann man eine **Formel** für die Kosten
angeben: $K = 25 \cdot x$

Karin und vier Freundinnen besuchen die Theatervorstellung:

$x = $ _____ $K = 25 \cdot$ _____ $=$ _____

b) Tina bekommt pro Woche 10 € Taschengeld. Claus bekommt x € mehr. Bezeichnet man das Taschengeld von Claus mit T, gilt:
$T = 10 + x$

c) Martin erhält pro Woche 15 € Taschengeld. Conny bekommt um y € weniger als Martin. Bezeichnet man das Taschengeld von Conny mit G, gilt:
$G = $ _____

4 Ergänze den fehlenden Term.

a) Der Preis für ein Kilo Birnen ist 2 €. Für x kg Birnen zahlt man _____ €.

b) Der Preis für ein Kilo Weintrauben ist w €.
Für x kg Weintrauben zahlt man _____ €.

c) In einer Schulklasse gibt es m Mädchen und 10 Buben.
In der Klasse gibt es insgesamt _____ Kinder.

d) In einer Schulklasse gibt es m Mädchen und b Buben.
In der Klasse gibt es insgesamt _____ Kinder.

e) Eine Kinovorstellung wird von 120 Personen besucht. Der Preis einer Kinokarte ist k €. Bei dieser Vorstellung nimmt der Kinobetreiber _____ € ein.

f) Eine Kinovorstellung wird von p Personen besucht. Der Preis einer Kinokarte ist k €. Bei dieser Vorstellung nimmt der Kinobetreiber _____ € ein.

5 Gib eine Formel für den Umfang u der Figuren an.

a)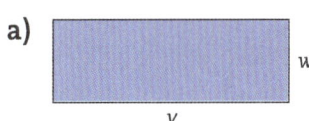

$u =$ _____

b)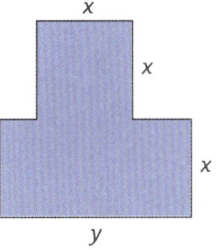

$u =$ _____

c)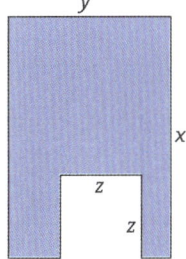

$u =$ _____

6 Stelle eine Formel für die Kantenlänge K des Körpers auf.

> Die Kantenlänge x tritt sechsmal auf, y ebenfalls, d. h.:
> $K = 6 \cdot x + 6 \cdot y$

a)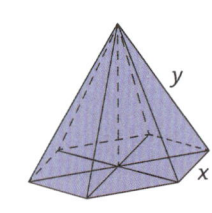

$K =$ _____

b)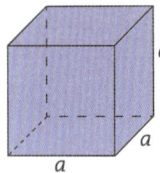

$K =$ _____

c)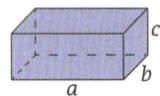

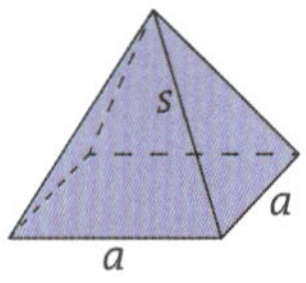

$K =$ _____

d)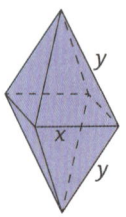

$K =$ _____

7 Verbinde die Rechenanweisung mit dem passenden Term. Die entsprechenden Buchstaben ergeben ein Lösungswort.

Rechenanweisung	
Eine Zahl x wird um 10 vermehrt.	J
Das Zehnfache einer Zahl x.	A
10 wird von einer Zahl x abgezogen.	C
Die Zahl x wird durch zehn dividiert.	H
Die Zahl x wird mit sich selbst multipliziert.	T

	Term
A	$10 \cdot x$
T	$x \cdot x$
H	$x : 10$
J	$x + 10$
C	$x - 10$

Lösungswort: _____

8 Verbinde den Term mit der passenden Rechenanweisung und finde das Lösungswort.

Rechenanweisung			Term
Das Doppelte einer Zahl wird um fünf vermehrt.	W	O	2 · y – 5
Fünf wird um das Vierfache einer Zahl vergrößert.	A	A	5 + 4 · y
Das Fünffache einer Zahl wird um das Doppelte der Zahl verkleinert.	G	N	4 · 2 · y
Das Doppelte einer Zahl wird um fünf vermindert.	O	W	2 · y + 5
Das Doppelte einer Zahl wird vervierfacht.	N	G	5 · y – 2 · y

Lösungswort: _____

9 Schreibe den Term als Rechenanweisung.

Rechenanweisung	Term
Addiere x zum Doppelten der Zahl y.	$2y + x$
Subtrahiere drei vom Produkt der Zahlen x und y.	$x \cdot y - 3$
Addiere z und den Quotienten von x und y.	$z + x \cdot y$
Dividiere die Differenz von x und y durch fünf.	$(x - y) : 5$

10 Stelle eine Formel für die Länge L des benötigten Geschenkbandes auf, wenn für die Masche 30 cm berechnet werden.
Berechne dann den Wert der Länge L für a = 5 cm, b = 7 cm und c = 11 cm.

B Gleichungen und ihre Lösungen

- „9 und wie viel ist 12?" – es ist sofort klar, dass das nur die Zahl 3 sein kann!
- Solche Aussagen können in Form einer **Gleichung** geschrieben werden:
$$9 + x = 12$$
- Für die unbekannte Zahl schreibt man eine beliebige Variable, z. B. x.
- Die Zahl, die beim Einsetzen für die Variable das richtige Ergebnis liefert (in diesem Fall x = 3, denn 9 + 3 = 12) nennt man **Lösung** der Gleichung.
- Eine Gleichung besteht aus zwei Termen, die durch ein Gleichheitszeichen (=) verbunden sind.

1 Arbeiten mit Variablen

11 Verbinde den Text mit der passenden Gleichung und gib das Lösungswort an.

Rechenanweisung	
a) Drei vergrößert um wie viel ist 20?	
b) Das Dreifache von wie viel ist 27?	
c) Ein Drittel von wie viel ist sechs?	
d) Von welcher Zahl muss man drei abziehen, um neun zu erhalten?	

	Term
A	$3 \cdot x = 27$
R	$x : 3 = 6$
F	$3 + x = 20$
N	$x - 3 = 9$

Lösungswort: _____

12 Gib die Lösungen der Gleichungen von Aufgabe 11 in der gegebenen Reihenfolge an.

a) $x =$ _____ b) $x =$ _____ c) $x =$ _____ d) $x =$ _____

13 Schreibe den Text in Form einer Gleichung und gib die Lösung an.

Text	Gleichung	Lösung
5 und wie viel ist 11?	$5 + x = 11$	$x =$
26 verkleinert um wie viel ist 10?		
Das Doppelte von wie viel ist 18?		
Die Hälfte von wie viel ist 10?		
Vier vergrößert um wie viel ist 20?		

14 Schreibe den Text in Form einer Gleichung und finde die Lösung.

a) Das Vierfache welcher Zahl ergibt 32?

_____

b) Welche Zahl ergibt, vermindert um zwölf, die Zahl zehn?

_____

c) Welche Zahl ergibt 30, wenn man sie um 13 vergrößert?

_____

d) Die Hälfte welcher Zahl ergibt 45?

_____

15 Erfinde einen zur Gleichung passenden Text und gib die Lösung an.

> 35 : x = 5   Durch welche Zahl muss man 35 dividieren, um 5 zu erhalten?
> x = 7

a) 36 : y = 9 _____

   y = _____

b) 12 · x = 36 _____

   x = _____

c) 55 – x = 20 _____

   x = _____

d) z + 13 = 34 _____

   z = _____

16 Kreuze an, ob die Gleichung richtig oder falsch ist. Gib das Lösungswort an. Beachte die Vorrangregeln!

Gleichung	richtig	falsch
25 : (11 – 6) = 5 · 1 – 0	☐ B	☐ U
3 · 11 + 7 = 2 + 10 · 4	☐ O	☐ A
5 · 8 – 10 · (2 + 2) = (6 + 30) – 9 · 4	☐ U	☐ R
30 – 27 : 9 = 5 · 5 + 3	☐ S	☐ M

Lösungswort: _____

17 Finde die Lösung der jeweiligen Gleichung und gib das Lösungswort an.

Gleichung	
2 · x + 3 = 19	
4 · x = 24	
25 = 36 – x	
14 – x = 9	
26 – 2 – 4 = 5 · x	
4 · x – 2 = 26	
x + 5 = 3 · 6	
10 : x = 5	

	Lösung
S	x = 13
M	x = 8
H	x = 5
E	x = 4
A	x = 7
S	x = 2
T	x = 11
A	x = 6

Lösungswort: _____

18 Stelle für den gegebenen Umfang der Figur eine Gleichung auf und bestimme damit die fehlende Seitenlänge.

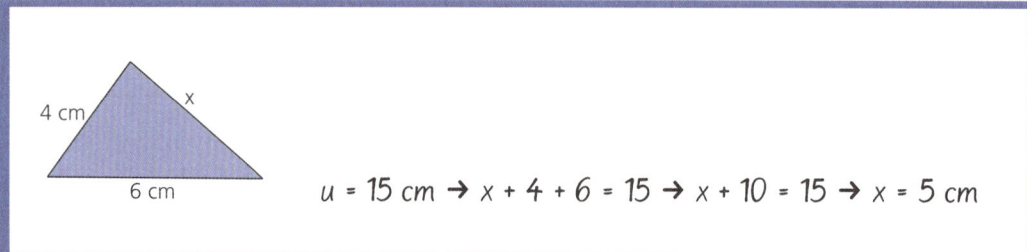

$u = 15\ \text{cm} \rightarrow x + 4 + 6 = 15 \rightarrow x + 10 = 15 \rightarrow x = 5\ \text{cm}$

a)

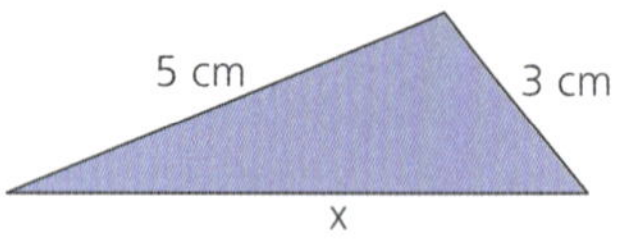

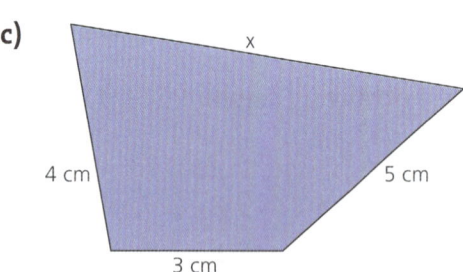

$u = 16\ \text{cm}$ _____

b)

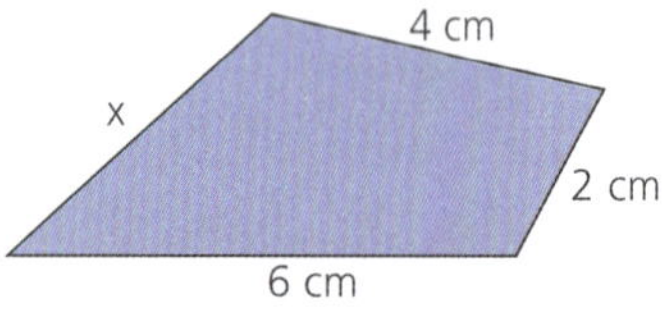

$u = 18\ \text{cm}$ _____

c)

$u = 20\ \text{cm}$ _____

C Gleichungen mit entgegengesetzten Rechenarten lösen

- Die Lösung einer Gleichung kann durch schrittweises Anwenden von entgegengesetzten Rechenarten ermittelt werden.

TIPP

Rechenart	entgegengesetzte Rechenart
Addition	Subtraktion
Subtraktion	Addition
Multiplikation	Division
Division	Multiplikation

Die **Addition** und die **Subtraktion zuerst** umkehren.
Danach die **Multiplikation** und die **Division**.

- Die Variable kann links oder rechts vom Gleichheitszeichen stehen.
- Als **Probe** setzt man die erhaltene Lösung für die Variable in der Gleichung ein.

Man denkt sich z. B. die Gleichung $4 \cdot x - 11 = 21$ als Rechenbefehl. Dann kehrt man durch Anwenden der entgegengesetzten Rechenarten die Rechenbefehle um.

$$x \quad \xrightarrow{\cdot 4}_{:4} \quad 4 \cdot x \quad \xrightarrow{-11}_{+11} \quad 21$$

$$4 \cdot x - 11 = 21 \quad | + 11$$
$$4 \cdot x = 32 \quad | : 4$$
$$x = 8$$

Probe:
Linke Seite der Gleichung (kurz LS): $\quad 4 \cdot 8 - 11 = 32 - 11 = 21$
Rechte Seite der Gleichung (kurz RS): $\quad\quad\quad 21 \quad \checkmark$ OK

---

19 ★ Löse die Gleichung $x : 3 + 18 = 35$ durch Anwenden von entgegengesetzten Rechenarten.

$$x \quad \xrightarrow{:3}_{\cdot 3} \quad x : 3 \quad \xrightarrow{+18}_{-18} \quad 35$$

$$x : 3 = 35 \; \underline{\quad\quad\quad}$$
$$x : 3 = \underline{\quad\quad\quad}$$
$$x = \underline{\quad\quad\quad} \cdot 3$$
$$x = \underline{\quad\quad\quad}$$

Probe: LS: _____ : 3 + 18 = _____ RS: 35

20 Ergänze die fehlenden Rechenarten, schreibe die Gleichung an und löse sie.

a) $x \xrightleftharpoons{\cdot 2} 2 \cdot x \xrightleftharpoons{+ 12} 48$

b) $z \xrightleftharpoons{\cdot 5} 5 \cdot z \xrightleftharpoons{- 12} 43$

Vereinfachte Schreibweise: Die entgegengesetzten Rechenarten werden hinter einem **senkrechten Strich rechts neben der Gleichung** geschrieben:

$$15 \cdot x + 11 = 41 \qquad | - 11$$
$$15 \cdot x = 41 - 11 \qquad | : 15$$
$$x = 30 : 15$$
$$x = 2$$

Probe: LS: $15 \cdot 2 + 11 = 30 + 11 = 41$ RS: 41 ✓

21 Ergänze die fehlenden Rechenarten und Zahlen.

a) $2 \cdot x - 31 = 15 \qquad | + \underline{\quad}$
    $2 \cdot x = \underline{\quad} \qquad | \underline{\quad} 2$
    $x = \underline{\quad}$

b) $5 \cdot x + 9 = 79 \qquad | \underline{\quad} 9$
    $5 \cdot x = \underline{\quad} \qquad | : \underline{\quad}$
    $x = \underline{\quad}$

c) $10 = 3 \cdot x - 11 \qquad | + \underline{\quad}$
    $\underline{\quad} = 3 \cdot x \qquad | : \underline{\quad}$
    $\underline{\quad} = x$

d) $44 = x - 23 \qquad | \underline{\quad}$
    $\underline{\quad} = x$

22 Löse die Gleichung und mache die Probe. Verwende die vereinfachte Schreibweise.

a) $3 \cdot x + 15 = 51$

b) $2 \cdot x - 27 = 15$

c) $47 = 11 + 4 \cdot x$

d) $54 = 2 \cdot x - 6$

23 Welche Zahl fehlt in der Gleichung $4\,004 - 404 = 44 + x$?
Kreuze die richtige Lösung an.

5356	3655	5365	3556	3565
☐	☐	☐	☐	☐

24 Welche Zahl fehlt in der Gleichung $4 \cdot 3\,006 = 3\,005 + 3\,007 + x$?
Kreuze die richtige Lösung an.

6011	6012	6013	6014	6015
☐	☐	☐	☐	☐

25 Fasse die Variablen und die Zahlen zuerst zusammen.
Löse die Gleichung und mache die Probe.

> $2 \cdot x + x - 10 = 15 + 5$
> $3 \cdot x - 10 = 20 \quad | +10 \rightarrow 3 \cdot x = 20 + 10 \quad |:3 \rightarrow x = 30 : 3 = 10$
> Probe: LS $2 \cdot 10 + 10 - 10 = 20$ \quad RS: 20 ✓

a) $x + x - 11 = 27$

b) $4 \cdot x + 5 + x - 4 = 36$

c) $2 \cdot x + 3 \cdot x + 30 = 45$

d) $8 \cdot x - 11 = 3 + 2$

e) $x + 6 \cdot x + 8 - 6 = 16$

f) $9 \cdot x - 6 \cdot x + 9 = 34 + 5$

1 Arbeiten mit Variablen

26 Bringe die Variablen zuerst auf eine Seite der Gleichung. Beginne mit dem kleineren Term bzw. mit dem Term, vor dem ein Minuszeichen steht! Löse die Gleichung und mache die Probe.

```
3 · x − 18 = 12 − 2 · x        | + 2 · x
5 · x − 18 = 12                | + 18
5 · x = 30                     | : 5
x = 6
Probe: LS: 3 · 6 − 18 = 18 − 18 = 0    RS: 12 − 2 · 6 = 12 − 12 = 0   ✓
```

a) $4 \cdot x + 12 = 3 \cdot x + 20$

b) $4 \cdot x - 9 = 18 - 5 \cdot x$

c) $5 \cdot x - 30 = x + 14$

d) $5 \cdot x + 15 = 7 \cdot x + 11$

e) $16 - 3 \cdot x = 11 + 2 \cdot x$

f) $40 - 2 \cdot x = 5 \cdot x - 9$

27 Kreuze an, ob die Umformung der Gleichung richtig oder falsch ist. Finde das Lösungswort. Stelle die falschen Umformungen richtig.

Gleichung		Richtig	Falsch	Korrektur
$3 \cdot x + 10 = 5 \cdot x - 6$	→ $16 = 2 \cdot x$	☐ E	☐ I	
$16 + 5 \cdot x - 10 = 2 \cdot x + 6$	→ $3 \cdot x = 12$	☐ B	☐ L	
$10 \cdot x + 11 = x + 20$	→ $11 \cdot x = 9$	☐ T	☐ F	
$x + x + x + 5 = 2 \cdot x + 20$	→ $x = 15$	☐ E	☐ R	

Lösungswort: _____

D Umformen von Formeln

- Jede Formel ist eine Gleichung.
- Durch Anwenden von entgegengesetzten Rechenarten kann jede Variable aus der Formel auf einer Seite isoliert werden.

---

a) Flächeninhalt eines Rechtecks mit den Seitenlängen a und b:

$A = a \cdot b \quad | : b \qquad\qquad A = a \cdot b \quad | : a$

$A : b = a \qquad\qquad\qquad A : a = b$

b) Umfang eines Rechtecks mit den Seitenlängen a und b:

$u = 2 \cdot a + 2 \cdot b \quad | - 2 \cdot b$

$u - 2 \cdot b = 2 \cdot a \qquad | : 2$

$(u - 2 \cdot b) : 2 = a$

---

28   Drücke aus der Formel $u = 2 \cdot a + 2 \cdot b$ die Variable b aus.

29   Drücke aus der Formel $u = 3 \cdot a$ die Variable a aus.

30   Drücke aus der Formel $V = G \cdot h$ die gesuchte Variable aus und berechne ihren Wert mit den angegebenen Zahlen.

a) $G = $ _____ $\qquad V = 1620 \qquad h = 36$

b) $h = $ _____ $\qquad V = 1504 \qquad G = 47$

31 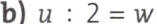 Drücke aus der Formel die angegebenen Variablen aus.

a) $a \cdot b = c \qquad\qquad a = $ _____ $\qquad b = $ _____

b) $u : 2 = w \qquad\qquad u = $ _____

c) $A = (a \cdot b) : 2 \qquad a = $ _____ $\qquad b = $ _____

d) $2 \cdot x + y = z \qquad x = $ _____ $\qquad y = $ _____

Online-Test

Finde heraus, ob du das Thema dieses Kapitels schon drauf hast. Einfach QR-Code scannen und los geht's!

Teiler und Vielfache

A Teilermenge und Vielfachenmenge

- Wird eine natürliche Zahl b durch eine natürliche Zahl a dividiert und es bleibt kein Rest, heißt die Zahl a **Teiler** der Zahl b.
- a und b dürfen nicht null sein.
- Man schreibt **a | b** und sagt: „*a* **teilt** *b*" oder „*a* **ist ein Teiler** von *b*"
- Ist a kein Teiler von b, schreibt man: **a ∤ b**
- **1** ist ein **Teiler jeder Zahl b**, d. h. 1 | b
- **Jede Zahl b teilt sich selbst**, d. h. b | b

TIPP

6 | 42, da sich 42 ohne Rest durch 6 teilen lässt:
42 : 6 = 7
 0 Rest
7 ∤ 24, da sich 24 nicht ohne Rest durch 7 teilen lässt:
24 : 7 = 3
 3 Rest

32 Kreuze an, ob die Aussage richtig oder falsch ist.

	Richtig	Falsch
12 ist ein Teiler von 24.	☐	☐
13 | 36	☐	☐
18 lässt sich ohne Rest durch 6 teilen.	☐	☐
11 ∤ 41	☐	☐
15 ist kein Teiler von 45.	☐	☐
1 ist ein Teiler von 101	☐	☐

33 Kreuze die richtigen Aussagen an.

5 | 35	7 ∤ 42	8 ∤ 18	11 | 55	10 ∤ 90
☐	☐	☐	☐	☐

34 Setze das Zeichen | oder ∤ ein.

a) 10 _____ 44
b) 16 _____ 48
c) 21 _____ 61
d) 11 _____ 121
e) 1 _____ 78

35 Ergänze die Tabelle.

	Zahl a	Zahl b	Zahl t	a + b	t | (a + b)	a − b	t | (a − b)
a)	18	12	6	30	ja	6	ja
b)	21	15	3				
c)	25	21	5				

Man erkennt in Aufgabe 35:

REGEL: Teilt die Zahl *t* die Zahlen *a* und *b*, dann teilt *t* auch die Summe *a + b* und die Differenz *a − b*. Dies nennt man:

Summenregel bzw. **Differenzregel**

36 Kreuze an, ob die Aussage richtig oder falsch ist. Finde das Lösungswort.

	richtig	falsch
Die Zahl 12 teilt die Summe von 24 und 36.	☐ F	☐ R
9 ∤ (36 − 27)	☐ I	☐ A
7 | 21 und 7 | 35, daher gilt: 7 | (21 + 35)	☐ B	☐ T
8 ist kein Teiler der Differenz von 56 und 49.	☐ E	☐ S
9 ist ein Teiler der Summe von 45 und 64.	☐ U	☐ L

Lösungswort: _____

- Alle Teiler einer Zahl werden in der **Teilermenge** zusammengefasst.
- **1** und die **Zahl selbst** heißen **unechte Teile**. Die anderen Teiler werden **echte Teiler** genannt.

Teilermenge von 20: T_{20} = {1, 2, 4, 5, 10, 20}
Teilermenge von 23: T_{23} = {1, 23}

37 Ergänze die Teilermengen.

a) T_8 = { _____ }   c) T_{35} = { _____ }

b) T_{30} = { _____ }   d) T_{31} = { _____ }

Teiler und Vielfache

- $1 \cdot a, 2 \cdot a, 3 \cdot a, 4 \cdot a$ usw. nennt man **Vielfache** der Zahl a.
- Die Vielfachen einer Zahl a werden in der **Vielfachenmenge** V_a zusammengefasst.
- Die Zahl a ist ein Teiler jedes Elements der Vielfachenmenge V_a.
- Die Vielfachenmenge ist nach oben **nicht beschränkt**.

> *Vielfachenmenge von 9: V_9 = {9, 18, 27, 36, 45, 54, ...}*
> *9 teilt jede Zahl, die ein Element der Vielfachenmenge V_9 ist:*
> *9 | 9, 9 | 18, 9 | 27, 9 | 36 usw.*

38 Gib die ersten fünf Elemente der Vielfachenmenge an.

a) V_6 = { _____ }

b) V_{11} = { _____ }

c) V_{21} = { _____ }

d) V_{40} = { _____ }

39 Schreibe die Vielfachen der Zahlen an. Gib das erste gleiche Vielfache an.

a) 20, 25   Das erste gleiche Vielfache ist _____.

b) 18, 26   Das erste gleiche Vielfache ist _____.

c) 20, 35   Das erste gleiche Vielfache ist _____.

d) 40, 70   Das erste gleiche Vielfache ist _____.

40 Streiche die Zahlen, die keine Vielfachen sind.

a) Vielfache von 7:   14, 35, 41, 56, 77, 83
b) Vielfache von 9:   36, 45, 59, 63, 79, 117
c) Vielfache von 12: 24, 36, 84, 112, 133, 180

41 Kreuze an, ob die Aussage richtig oder falsch ist.

	Richtig	Falsch
112 ist ein Vielfaches von 14.	☐	☐
7 ist ein Teiler des Produkts von 5 und 14.	☐	☐
18 lässt sich ohne Rest durch 6 teilen.	☐	☐
Das Produkt der Zahlen 15 und 18 wird von 21 geteilt.	☐	☐
8 ist kein Teiler des Produkts von 72 und 17.	☐	☐

B Teilbarkeitsregeln

Will man ohne Division feststellen, ob eine Zahl durch eine andere Zahl teilbar ist, helfen die **Teilbarkeitsregeln**:

> **REGEL**
>
> Eine Zahl ist **durch 2 teilbar**, wenn an der Einerstelle 0, 2, 4, 6 oder 8 steht, d. h., wenn es eine gerade Zahl ist, z. B. 42, 86.
> Eine Zahl ist **durch 3 teilbar**, wenn die Summe aller Ziffern der Zahl (Ziffernsumme) durch 3 teilbar ist, z. B. 234.
> Eine Zahl ist **durch 4 teilbar**, wenn die Zahl aus den letzten beiden Ziffern durch 4 teilbar ist, z. B. 716.
> Eine Zahl **ist durch 5 teilbar**, wenn an der Einerstelle 0 oder 5 steht, z. B. 170, 235.
> Eine Zahl ist **durch 9 teilbar**, wenn die Summe aller Ziffern der Zahl (Ziffernsumme) durch 9 teilbar ist, z. B. 108.
> Eine Zahl ist **durch 10, 100, 1 000** usw. teilbar, wenn sie eine Zehner-, Hunderter-, Tausenderzahl usw. ist, z. B. 20, 400, 8 000.
> Eine Zahl ist **durch 25 teilbar**, wenn die letzten beiden Ziffern der Zahl 0 sind bzw. die Zahl aus den letzten beiden Ziffern durch 25 teilbar ist, z. B. 800, 750.

314 ist durch 2 teilbar, weil an der Einerstelle 4 steht und 2 | 4.
117 ist durch 3 teilbar, weil 1 + 1 + 7 = 9 ist und 3 | 9.
3 712 ist durch 4 teilbar weil 4 | 12.
715 ist durch 5 teilbar, da an der Einerstelle 5 steht.
3 168 ist durch 9 teilbar, da 3 + 1 + 6 + 8 = 18 ist und 9|18.
Die Zahl ist auch durch 3 teilbar, da 3 | 18.
Die Zahl ist weiters auch durch 4 bzw. 2 teilbar, da 4 | 68 und 2 | 8.
45 000 ist durch 1000 teilbar, da es sich um eine Tausenderzahl handelt.
25 | 45 000, da die letzten beiden Ziffern 0 sind.
25 | 2 350, da die Zahl aus den letzten beiden Ziffern durch 25 teilbar ist, d. h. 25 | 50.

2 Teiler und Vielfache

42 Bilde die Ziffernsumme der angegebenen Zahl.

Zahl	62	413	982	2 098	23 647
Ziffernsumme					

43 Gib alle Zahlen von 20 bis 40 an, die

a) durch 3 teilbar sind: _____

b) durch 4 teilbar sind: _____

c) durch 5 teilbar sind: _____

d) durch 9 teilbar sind: _____

e) durch 10 teilbar sind: _____

44 Setze | oder ∤ ein und gib eine Begründung an.

> 3 ∤ 172, weil die Ziffernsumme 1 + 7 + 2 = 10 nicht durch 3 teilbar ist.

a) 2 _____ 156, weil _____

b) 2 _____ 421, weil _____

c) 3 _____ 556, weil _____

d) 3 _____ 111, weil _____

e) 4 _____ 6 228, weil _____

f) 4 _____ 9 231, weil _____

g) 5 _____ 11 115, weil _____

h) 5 _____ 55 554, weil _____

i) 9 _____ 80 001, weil _____

45 Kreise alle Zahlen ein, die gleichzeitig durch 4 und durch 25 teilbar sind.

450	316	700	75	1 500
7 324	4 200	825	10 000	673
8 300	750	100	9 904	150

46 Kreuze an, ob die Aussage richtig oder falsch ist. Gib das Lösungswort an.

	richtig	falsch
Ist eine Zahl durch 9 teilbar, so ist sie auch durch 3 teilbar.	☐ F	☐ R
1 teilt jede natürliche Zahl.	☐ A	☐ U
Alle Vielfachen von 10 sind auch Vielfache von 5.	☐ C	☐ T
Alle Vielfachen von 5 sind auch Vielfache von 10.	☐ L	☐ K
Ist eine Zahl gleichzeitig durch 2 und durch 3 teilbar, so ist sie auch durch 6 teilbar.	☐ E	☐ S
Ist eine Zahl gleichzeitig durch 3 und durch 4 teilbar, so ist sie auch durch 7 teilbar.	☐ W	☐ L

Lösungswort: _____

47 Gib alle Zahlen an, die man für x einsetzen kann, damit die Aussage stimmt.

a) $3 \mid 251x$ $x =$ _____

b) $4 \mid 3x6$ $x =$ _____

c) $9 \mid 3x15$ $x =$ _____

d) $2 \mid 5479x$ $x =$ _____

e) $10 \mid 6723x$ $x =$ _____

48 Gib alle Zahlen an, die man für x einsetzen kann, damit die Aussage stimmt.

a) $2 \mid 512x$ aber $10 \nmid 512x$ $x =$ _____

b) $3 \mid 2x12$ aber $9 \nmid 2x12$ $x =$ _____

c) $5 \mid 5325x$ aber $10 \nmid 5325x$ $x =$ _____

C Primzahlen / Primfaktorenzerlegung

- Alle Zahlen, die nur die unechten Teiler (1 und sich selbst) besitzen, nennt man **Primzahlen**.
- **1** ist **keine Primzahl**.
- **2** ist die **kleinste** und auch die **einzige gerade Primzahl**.
- **3**, **5**, **7**, **11**, **13** usw. sind weitere **Primzahlen**
- Es gibt **unendlich viele Primzahlen**.
- Der griechische Mathematiker Eratosthenes (275–195 v. Chr.) hat ein Verfahren angegeben, mit dem man die Primzahlen zwischen 1 und 100 „aussieben" kann – das „**Sieb des Eratosthenes**".

> 1. Streiche die Zahl 1 (sie ist ja keine Primzahl)
> 2. Streiche alle Vielfachen von 2, 3, 5 und 7.
>   → die übrig gebliebenen Zahlen sind Primzahlen.
>
>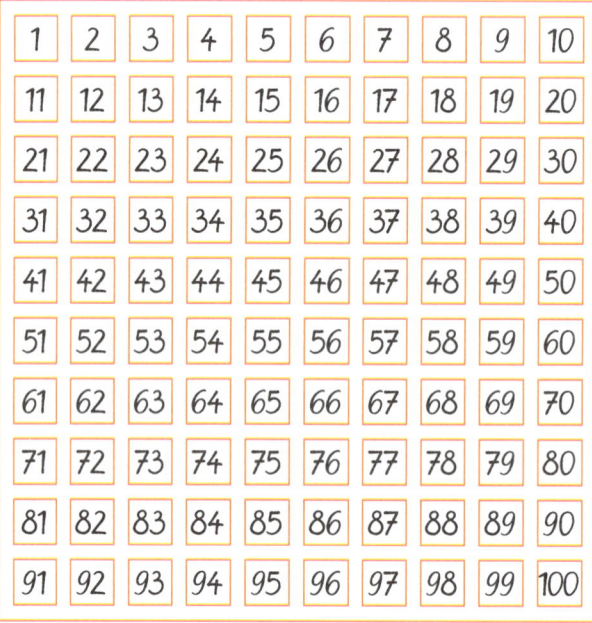
>
> Im Zahlenbereich von 1 bis 100 gibt es genau _____ Primzahlen.

- Alle Zahlen, die keine Primzahlen sind, lassen sich als **Produkte von Primzahlen** (**Primfaktorenzerlegung**) schreiben.
  Man spricht von zusammengesetzten Zahlen.

> $4 = 2 \cdot 2 \qquad 6 = 2 \cdot 3 \qquad 8 = 2 \cdot 2 \cdot 2 \qquad 10 = 2 \cdot 5$

- Zur Bestimmung der Primfaktorenzerlegung einer Zahl teste die Teilbarkeit der Zahl durch 2, 3, 5, 7, 11 usw.
  Die Teilbarkeitsregeln leisten dazu gute Dienste!

72	2	72 ist durch 2 teilbar. Der Quotient ist 36.
36	2	36 ist durch 2 teilbar. Der Quotient ist 18.
18	2	18 ist durch 2 teilbar. Der Quotient ist 9.
9	3	9 ist durch 3 teilbar. Der Quotient ist 3.
3	3	3 ist eine Primzahl und nur mehr durch 3 teilbar.
1		Der Quotient 1 beendet die Primfaktorenzerlegung!

49 Finde die Primfaktorenzerlegung im Kopf.

a) 6 = _____   d) 15 = _____

b) 8 = _____   e) 27 = _____

c) 12 = _____   f) 35 = _____

50 Kreuze an, ob die Zahlen in Primfaktoren zerlegt wurden oder nicht. Finde das Lösungswort.

	Primfaktorenzerlegung	Keine Primfaktorenzerlegung
120 = 2 · 2 · 2 · 3 · 5	A	E
190 = 10 · 19	T	R
112 = 2 · 2 · 2 · 2 · 7	C	U
234 = 2 · 3 · 3 · 13	H	F
40 = 2 · 4 · 5	O	E

Lösungswort: _____

51 Wie lautet die kleinste zweistellige Zahl, in der nur die angegebene Primzahl in der Primfaktorenzerlegung vorkommt?

a) 2 → _____

b) 3 → _____

c) 7 → _____

d) 5 → _____

e) 11 → _____

f) 13 → _____

2 Teiler und Vielfache

52 Mache die Primfaktorenzerlegung.

a) 42 b) 120 c) 425 d) 630

53 Zerlege die Zahlen in Primfaktoren.

a) 190 = _____

b) 250 = _____

c) 425 = _____

d) 1 020 = _____

e) 2 310 = _____

54 Ergänze die fehlenden Zahlen in der Primfaktorenzerlegung.

a)
| 2 |
| 2 |
| 2 |
| 3 |
| 7 |
| 1 |

b)
| 2 |
| 2 |
| 3 |
| 5 |
| 5 |
| 5 |
| 1 |

c)
| 3 |
| 3 |
| 5 |
| 11 |
| 1 |

d)
| 5 |
| 5 |
| 7 |
| 7 |
| 13 |
| 1 |

55 Kreuze an, ob die Aussage richtig oder falsch ist. Gib das Lösungswort an.

	richtig	falsch
91 ist eine Primzahl.	☐ R	☐ D
Die Primfaktorenzerlegung von 143 besteht aus zwei Faktoren.	☐ O	☐ E
Die Primfaktorenzerlegung von 245 lautet: 1 · 5 · 7 · 7	☐ T	☐ S
2 ist die kleinste Primzahl.	☐ E	☐ P

Lösungswort: _____

D Größter gemeinsamer Teiler

- Werden die Teilermengen von mehreren Zahlen geschrieben, treten manche Zahlen in allen Teilermengen auf.
- Die größte dieser Zahlen ist der **größte gemeinsame Teiler (ggT)**.

T_{48} = {1, 2, 3, 4, 6, 8, 12, 16, 24, 48}
T_{60} = {1, 2, 3, 4, 5, 6, 10, 12, 15, 20, 30, 60}

Die gemeinsamen Teiler von 48 und 60 sind 1, 2, 3, 4, 6 und 12.

Größter gemeinsamer Teiler von 48 und 60: ggT (48, 60) = 12

- Zahlen, die nur 1 als gemeinsamen Teiler haben, nennt man **teilerfremd**.

56 Gib die Teilermengen der Zahlen an und bestimme den größten gemeinsamen Teiler.

a) 15 und 20

T_{15} = { _____ }
T_{20} = { _____ }
ggT (15, 20) = _____

b) 21 und 35

T_{21} = { _____ }
T_{35} = { _____ }
ggT (21, 35) = _____

c) 28 und 23

T_{28} = { _____ }
T_{23} = { _____ }
ggT (28, 23) = _____

d) 18 und 36

T_{18} = { _____ }
T_{36} = { _____ }
ggT (18, 36) = _____

2 Teiler und Vielfache

Wissen

- Der ggT kann mittels der Primfaktorenzerlegung der Zahlen schneller bestimmt werden.

a) ggT (84, 90) = ?

84	**2**		90	**2**
42	2		45	**3**
21	**3**		15	3
7	7		5	5
1			1	

ggT (84, 90) = 2 · 3 = 6

1. Zerlege die Zahlen in Primfaktoren.
2. <u>Unterstreiche</u> die Primfaktoren, die in **beiden** Zerlegungen vorkommen.
3. Multipliziere die unterstrichenen Primfaktoren **einer** Zahl.

b) ggT (88, 154, 330) = ?

88		154		330	

ggT (84, 154, 330) = _____ · _____ = 22

Üben

57 Bestimme den ggT mittels Primfaktorenzerlegung.

✶✶ **a)** 96   154   **b)** 100   160   **c)** 64   128   256

ggT (96, 154) = _____

ggT (100, 160) = _____

ggT (64, 128, 256) = _____

58 Bestimme den ggT mittels Primfaktorenzerlegung.

✶✶ **a)** 224, 280   **b)** 450, 200   **c)** 36, 80, 48   **d)** 66, 90 120

TIPP: Auch in **Textaufgaben** kann der größte gemeinsame Teiler vorkommen.

59 Zwei Metallrohre sollen in möglichst große, gleich lange cm-Stücke geschnitten werden. Bestimme die Länge eines Stücks und die Anzahl der Stücke.

a) 1. Rohr: 80 cm, 2. Rohr: 50 cm

b) 1. Rohr: 48 cm, 2. Rohr: 120 cm

60 Für ein Bauvorhaben müssen Rohrleitungen verlegt werden. Eine Leitung ist 66 m lang, die andere 135 m. Die Baufirma möchte möglichst lange Rohre verwenden, die nicht zerschnitten werden müssen. Kreuze die richtige Rohrlänge an.

2-m-Rohre	3-m-Rohre	4-m-Rohre	5-m-Rohre
☐	☐	☐	☐

61 Robert sucht für sein Bad (420 cm lang, 240 cm breit) möglichst große quadratische Fliesen. Bestimme die Kantenlänge einer Fliese, wenn keine zerschnitten werden soll.

E Kleinstes gemeinsames Vielfaches

- Werden die Vielfachenmengen von mehreren Zahlen aufgeschrieben, kommen einige Zahlen in allen Mengen vor.
- Diese Zahlen sind die gemeinsamen **Vielfachen**.
- Die kleinste von allen diesen Zahlen ist das **kleinste gemeinsame Vielfache (kgV)**.

V_3 = {3, 6, 9, 12, 15, 18, 21, 24, 27, 30, 33, ...}
V_5 = {5, 10, 15, 20, 25, 30, 35, 40, ...}
Die gemeinsamen Vielfachen von 3 und 5 sind 15, 30, ...
Kleinstes gemeinsames Vielfaches von 3 und 5: kgV(3, 5) = 15

2 Teiler und Vielfache

62 Gib die Vielfachenmengen der Zahlen an und bestimme das kleinste gemeinsame Vielfache.

✱✱ **a)** 12 und 15

V_{12} = { _____ }

V_{15} = { _____ }

kgV (12, 15) = _____

b) 8 und 14

V_8 = { _____ }

V_{14} = { _____ }

kgV (8, 14) = _____

■ Das kgV kann mittels der Primfaktorenzerlegung der Zahlen schneller bestimmt werden.

a) kgV (40, 126) = ?

40	2		126	2
20	2		63	3
10	2		21	3
5	5		7	7
1			1	

1. Zerlege die Zahlen in Primfaktoren.
2. <u>Unterstreiche</u> die **größte Anzahl** von 2, 3, 5 usw., die du pro Zerlegung finden kannst. Bei gleicher Anzahl unterstreiche nur in einer Zerlegung.
3. Multipliziere die unterstrichenen Primfaktoren.

kgV (40, 126) = 2 · 2 · 2 · 3 · 3 · 5 · 7 = 2520

Im kgV tritt jeder Primfaktor auf, der in den Zerlegungen vorkommt!

b) kgV (36, 40, 48) = ?

36		40		48	

kgV (36, 40, 48) = 2 · 2 · 2 · 2 · _____ = _____

63 Bestimme mit den gegebenen Primfaktorenzerlegungen das kgV der Zahlen.

a) 48 = 2 · 2 · 2 · 2 · 3
   60 = 2 · 2 · 3 · 5   kgV(48, 60) = _____

b) 60 = 2 · 2 · 3 · 5
   126 = 2 · 3 · 3 · 7   kgV(60, 126) = _____

c) 36 = 2 · 2 · 3 · 3
   120 = 2 · 2 · 2 · 3 · 5
   1 350 = 2 · 3 · 3 · 3 · 5 · 5   kgV(36, 120, 1 350) = _____

64 Bestimme das kgV der Zahlen.

a) 108 | 135

   kgV(108, 135) = _____

c) 36 | 40 | 48

   kgV(36, 40, 48) = _____

b) 48 | 216

   kgV(48, 216) = _____

d) 36 | 52 | 70

   kgV(36, 52, 70) = _____

65 Das kgV von zwei Zahlen a und b kann auch mit der Formel
kgV(a, b) = (a · b) : ggT(a, b)
berechnet werden. Berechne damit das kgV der gegebenen Zahlen.

a) 92, 138

b) 18, 60

c) 4, 90

d) 56, 86

2 Teiler und Vielfache

TIPP

Auch in **Textaufgaben** kann das kleinste gemeinsame Vielfache vorkommen.

66 ✷✷ Ein Läufer und eine Läuferin, Adam und Birgit, starten gleichzeitig und laufen annähernd gleichmäßig eine Runde. Nach wie vielen Sekunden wird Birgit von Adam überrundet, wenn

a) Adam für eine Runde 60 s und Birgit für eine Runde 75 s braucht?

b) Adam für eine Runde 70 s und Birgit für eine Runde 80 s braucht?

67 ✷✷ Ein Bus der Linie *A* und ein Bus der Linie *B* fahren gleichzeitig vom Busbahnhof ab. Dann fahren alle 8 Minuten ein Bus der Linie *A* und alle 18 Minuten ein Bus der Linie *B* ab. Bestimme die Zeit, nach der die beiden Buslinien wieder gleichzeitig vom Busbahnhof abfahren.

68 ✷✷ Drei Trapeze in einem Zirkus werden gleichzeitig losgelassen und benötigen für das Hin- und Herschwingen 4 s, 5 s und 6 s.

a) Bestimme die Zeit, bis die drei Trapeze wieder gleichzeitig am Ausgangsort sind.

b) Gib die Anzahl der Schwingungen an, die sie bis dahin gemacht haben.

TEST

Online-Test
Finde heraus, ob du das Thema dieses Kapitels schon drauf hast. Einfach QR-Code scannen und los geht's!

Brüche

A Brüche als Teile eines Ganzen / Brucharten

- Brüche stellen **Teile** eines Ganzen dar.
- Das Ganze wird mit 1 bezeichnet.

REGEL

$$\frac{3}{4} \begin{array}{l} \rightarrow \text{Zähler} \\ \rightarrow \text{Bruchstrich} \\ \rightarrow \text{Nenner} \end{array}$$

Nenner: gibt an, in wie viele gleich große Teile das Ganze zerlegt wird.
Zähler: gibt an, wie viele dieser Teile betrachtet werden.

- $\frac{1}{2}$ ... ein Halbes, $\frac{1}{3}$ ... ein Drittel, $\frac{1}{4}$ ... ein Viertel usw.
- Ein Ganzes besteht aus 2 Halben $\left(\frac{2}{2}\right)$, 3 Dritteln $\left(\frac{3}{3}\right)$, 4 Vierteln $\left(\frac{4}{4}\right)$ usw.
- Brüche können auch **mehr als ein Ganzes** beschreiben:

$\frac{10}{5} = \frac{5}{5} + \frac{5}{5} = 1 + 1 = 2$; $\frac{12}{3} = \frac{3}{3} + \frac{3}{3} + \frac{3}{3} + \frac{3}{3} = 1 + 1 + 1 + 1 = 4$

REGEL

Brucharten:

Stammbrüche → Brüche mit dem Zähler 1 $\frac{1}{20}$

echte Brüche → der Zähler ist kleiner als der Nenner $\frac{2}{4}$

unechte Brüche → der Zähler ist größer als der Nenner $\frac{10}{3}$

Unechte Brüche lassen sich als **natürliche Zahlen** (man nennt sie dann auch **uneigentliche Brüche**) oder als **gemischte Zahlen** (natürliche Zahl + Bruch) darstellen:

$\frac{9}{3} = 3 \qquad \frac{4}{2} = 2 \qquad \frac{4}{3} = \frac{3}{3} + \frac{1}{3} = 1\frac{1}{3} \qquad \frac{15}{4} = \frac{12}{4} + \frac{3}{4} = 3\frac{3}{4}$

69 Welcher Bruchteil ist gefärbt und welcher nicht?

a)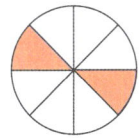

gefärbt sind _____   nicht gefärbt sind _____

b)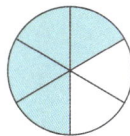

gefärbt sind _____   nicht gefärbt sind _____

70 Stelle den angegebenen Bruchteil färbig dar.

a) 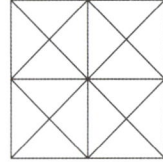 $\frac{7}{16}$

c) 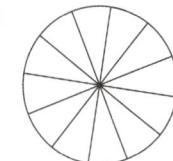 $\frac{6}{12}$

b) 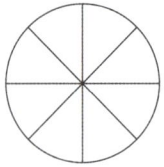 $\frac{5}{8}$

d) 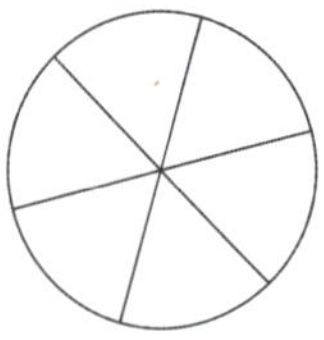  $\frac{5}{6}$

71 Stelle den angegebenen Bruchteil färbig dar.

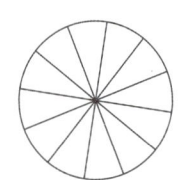 $\frac{1}{4}$ Das Ganze ist in **12** gleich große Teile aufgeteilt. Das sind **dreimal** so viele Teile wie im Nenner angegeben.

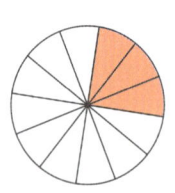 Um den angegebenen Bruchteil färbig darzustellen, müssen daher 3 von den 12 Teilen färbig sein, d. h. $\frac{1}{4} = \frac{3}{12}$.

a) 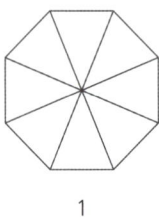 $\frac{1}{4}$

b) 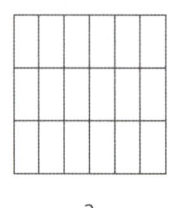 $\frac{2}{9}$

c) 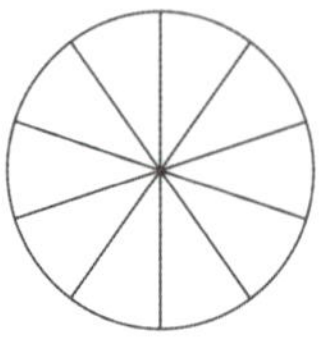  $\frac{4}{5}$

72 Um welche Brucharten handelt es sich? Ordne zu.

$\frac{4}{5}$ $\frac{1}{12}$ $\frac{7}{2}$ $3\frac{1}{2}$ $\frac{10}{5}$ $\frac{2}{14}$ $7\frac{1}{4}$ $\frac{24}{12}$ $\frac{7}{8}$ $\frac{1}{11}$

echte Brüche	unechte Brüche	uneigentliche Brüche	Stammbrüche	gemischte Zahlen

73 Ordne den unechten Brüchen die passende gemischte Zahl zu. Trage dazu die Buchstaben neben dem Bruch ein.

$\frac{11}{3}$	
$\frac{4}{3}$	
$\frac{7}{3}$	
$\frac{13}{3}$	
$\frac{8}{3}$	

A	$1\frac{1}{3}$
B	$4\frac{1}{3}$
C	$2\frac{2}{3}$
D	$3\frac{2}{3}$
E	$2\frac{1}{3}$

74 Schreibe als unechten Bruch an.

a) $3\frac{1}{3}$ = _____

b) $4\frac{2}{7}$ = _____

c) $10\frac{1}{2}$ = _____

d) $5\frac{1}{5}$ = _____

75 Ergänze den Text.

a) Brüche stellen _____ eines Ganzen dar.

b) Das Ganze wird mit _____ bezeichnet.

c) Die Zahl oberhalb des Bruchstrichs heißt _____, die Zahl unterhalb wird als _____ bezeichnet.

d) Ein Ganzes besteht z. B. aus _____ Fünfteln.

B Brüche als Dezimalzahlen darstellen und umgekehrt

Tom, Karin und Evi bestellen sich 2 Pizzas und teilen durch drei.

Jedes Kind bekommt also $\frac{2}{3}$ Pizzas.

2 Pizzas : 3 = $\frac{2}{3}$ Pizzas

- Eine **Division** (d.h. der Quotient zweier natürlicher Zahlen) kann als **Bruch** dargestellt werden und umgekehrt.
- Führt man die Division aus, erhält man eine **Dezimalzahl**, die der **Bruchzahl** entspricht.

$\frac{3}{4}$ = 3 : 4 = 0,75 $\frac{7}{5}$ = 7 : 5 = 1,4

$\frac{1}{2}$ = _____ : _____ = _____ $\frac{5}{8}$ = _____ : _____ = _____

$\frac{2}{3}$ = 2 : 3 = 0,66... = 0,$\dot{6}$
    2 0
      2 0
        2

Es können auch *periodische Dezimalzahlen* entstehen!

$\frac{3}{11}$ = 0,2727... = 0,$\dot{2}\dot{7}$ $\frac{7}{22}$ = 0,31818... = 0,3$\dot{1}\dot{8}$

- Wiederholen sich Ziffern oder Gruppen von Ziffern, spricht man von periodischen Dezimalzahlen.
  Über die sich wiederholenden Ziffern(-gruppen) macht man Punkte (oder Striche).

- Eine Zahl der Art 0,3$\dot{1}\dot{8}$ nennt man **gemischt periodische** Dezimalzahl.

- Jede **endliche oder periodische Dezimalzahl** lässt sich wieder als **Bruch** darstellen:

0,7 = $\frac{7}{10}$ 2,11 = 2$\frac{11}{100}$ 0,$\dot{7}$ = $\frac{7}{9}$ 0,$\dot{3}\dot{4}$ = $\frac{34}{99}$

ACHTUNG

endliche Dezimalzahl → Bruch:
Im Zähler stehen die Nachkommastellen, im **Nenner** der **kleinste auftretende Stellenwert** (Zehntel, Hundertstel, usw.).

periodische Dezimalzahl → Bruch:
Im Zähler stehen die Nachkommastellen, im **Nenner** so viele *Neuner* wie die *Periode* lang ist.

76 Schreibe als Bruch an. Gib, falls möglich, als natürliche oder gemischte Zahl an.

a) 4 : 5 und 5 : 4 _____

b) 28 : 7 und 7 : 28 _____

c) 1 : 9 und 9 : 1 _____

77 Schreibe den Bruch als Dezimalzahl an.

a) $\frac{9}{10}=$ _____ c) $\frac{7}{9}=$ _____ e) $\frac{7}{50}=$ _____ g) $\frac{19}{22}=$ _____

b) $\frac{11}{100}=$ _____ d) $\frac{13}{11}=$ _____ f) $\frac{31}{5}=$ _____ h) $\frac{7}{27}=$ _____

78 Ordne der Dezimalzahl die passende Bruchdarstellung zu. Trage dazu den Buchstaben neben der Dezimalzahl ein.

0,003	
0,33	
0,03	
0,3	
3,3	

A	$\frac{3}{10}$
B	$\frac{3}{100}$
C	$\frac{33}{10}$
D	$\frac{33}{100}$
E	$\frac{3}{1\,000}$

79 Schreibe die periodische Dezimalzahl als Bruch an.

a) $0,\dot{2}=$ _____ c) $0,\dot{1}\dot{7}=$ _____

b) $2,\dot{7}=$ _____ d) $0,\dot{0}\dot{1}=$ _____

C Bruchteile einer Größe – das Ganze / den Anteil bestimmen

- Berechnung des **Anteils** einer Größe:

---

a) Bestimme $\frac{2}{7}$ von 35 kg.

Das bedeutet, dass das Ganze (= 35 kg) in 7 (= Nenner) gleich große Teile geteilt wird und dann 2 (= Zähler) von diesen Teilen genommen werden:

$\frac{2}{7}$ von 35 = (35 : 7) · 2 = 5 · 2 = 10 kg

b) Bestimme $\frac{3}{8}$ von 40 kg.

$\frac{3}{8}$ von 40 = (40 : _____) · _____ = _____ · _____ = _____ kg

c) Bestimme $\frac{2}{3}$ von 72 €.

$\frac{2}{3}$ von 72 = (72 : _____) · _____ = _____ · _____ = _____ €

- Kennt man den Bruchteil und wie viel vom Ganzen diesem Bruchteil entsprechen, kann auf das **Ganze** zurückgerechnet werden:

---

a) 51 kg sind $\frac{3}{5}$ von wie viel kg?

Man benennt das unbekannte Ganze mit x, setzt wie im vorigen Beispiel an und kehrt die Rechenoperationen um!

$\frac{3}{5}$ von x = (x : 5) · 3 = 51 kg

x = (51 : 3) · 5 = 17 · 5 = 85 kg

b) 24 kg sind $\frac{6}{10}$ von wie viel?

$\frac{6}{10}$ von x = (x : _____) · _____ = 24 kg

x = (24 : _____) · _____ = _____ kg

c) 15 € sind $\frac{5}{6}$ von wie viel?

x =

3 Brüche

- Bestimmung des **Bruchteils**:

> a) Bianca hat von 21 € Taschengeld bereits 4 € ausgegeben.
> Jeder Euro ist $\frac{1}{21}$ des Taschengeldes. 4 € sind dann $\frac{4}{21}$ des Taschengeldes.
> Bianca hat also $\frac{4}{21}$ (= Anteil) ihres Taschengeldes bereits ausgegeben.
>
> b) 5 km von einer 11 km langen Straße sind bereits fertiggestellt.
> Das heißt, —— der Straße sind bereits fertig. Der Anteil des noch nicht fertiggestellten Straßenstücks ist ——.

80 Bestimme den Anteil.

a) $\frac{3}{4}$ von 36 kg = _____

b) $\frac{7}{11}$ von 88 m² = _____

c) $\frac{2}{3}$ von 18 m = _____

d) $\frac{3}{5}$ von 15 cm = _____

e) $\frac{2}{7}$ von 21 hl = _____

f) $\frac{2}{13}$ von 26 dag = _____

81 Bestimme den gegebenen Anteil von 36 m.

a) $\frac{2}{100}$

b) $\frac{50}{100}$

c) $\frac{10}{100}$

d) $\frac{30}{100}$

82 Berechne den Wert für x.

a) $\frac{2}{5}$ von x sind 10 kg   x = _____

b) $\frac{3}{7}$ von x sind 21 €   x = _____

c) $\frac{5}{8}$ von x sind 35 m   x = _____

d) $\frac{7}{10}$ von x sind 28 cm²   x = _____

e) $\frac{9}{25}$ von x sind 18 g   x = _____

f) $\frac{3}{100}$ von x sind 33 ha   x = _____

83 Teresa wird mit der angegebenen Anzahl von Stimmen zur Klassensprecherin gewählt. Bestimme die Anzahl aller abgegebenen Stimmen, wenn alle Stimmen gültig waren.

a) 20 Stimmen. Das sind $\frac{4}{5}$ aller abgegebenen Stimmen.

b) 14 Stimmen. Das sind $\frac{2}{3}$ aller abgegebenen Stimmen.

c) 21 Stimmen. Das sind $\frac{7}{8}$ aller abgegebenen Stimmen.

d) 18 Stimmen. Das sind $\frac{6}{7}$ aller abgegebenen Stimmen.

Wenn ich bei der Wahl kandidiert hätte, wäre die Rechnung ganz einfach gewesen: 28 Stimmen. Das sind 28 / 28 aller Stimmen!

84 Bestimme den Bruchteil.

a) 9 € von 10 €

b) 8 t von 31 t

c) 15 km von 26 km

d) 20 hl von 100 hl

e) 10 kg von 50 kg

f) 36 cm von 72 cm

85 Berechne die fehlende Zahl x.

a) $\frac{6}{7}$ von 28 dm = x   x =

b) $\frac{4}{9}$ von x = 52 €   x =

c) x von 3 m = 2 m   x =

d) $\frac{7}{11}$ von x = 28 m³   x =

e) x von 11 g = 7 g   x =

f) $\frac{5}{12}$ von 144 km = x   x =

D Kürzen und Erweitern

- Das **Erweitern** eines Bruches entspricht einer Unterteilung des Ganzen in kleinere gleich große Teile.

- Das **Kürzen** beschreibt den umgekehrten Vorgang.

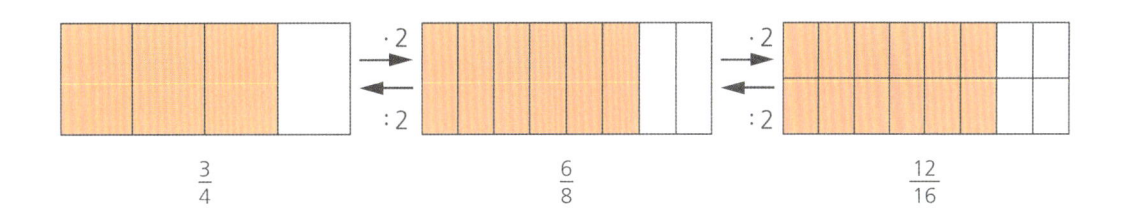

$$\frac{3}{4} \quad \underset{:2}{\overset{\cdot 2}{\rightleftarrows}} \quad \frac{6}{8} \quad \underset{:2}{\overset{\cdot 2}{\rightleftarrows}} \quad \frac{12}{16}$$

REGEL

Erweitern:
Zähler und Nenner werden **mit** derselben von 0 verschiedenen Zahl *multipliziert*.

Kürzen:
Zähler und Nenner werden **durch** dieselbe von 0 verschiedenen Zahl *dividiert*.

Erweitern von $\frac{3}{4}$ mit 2: $\frac{3 \cdot 2}{4 \cdot 2} = \frac{6}{8}$

Kürzen von $\frac{12}{16}$ durch 4: $\frac{12 : 4}{16 : 4} = \frac{3}{4}$

- Das Kürzen funktioniert auch in mehreren Schritten:

$$\frac{12}{16} = \frac{12 : 2}{16 : 2} = \frac{6}{8} = \frac{6 : 2}{8 : 2} = \frac{3}{4} \quad \text{(zweimaliges Kürzen durch 2)}$$

- Schneller ist man, wenn man durch den **ggT von Zähler und Nenner** kürzt.

- Erweitern und Kürzen ändern den Bruch, nicht aber die Zahl, die durch den Bruch dargestellt wird:

$$\frac{3}{4} = 3 : 4 = 0{,}75 \qquad \frac{3}{4} = \frac{3 \cdot 5}{4 \cdot 5} = \frac{15}{20} = 15 : 20 = 0{,}75$$

3 Brüche

86 Schreibe die Brüche an und gib die Zahl an, mit der erweitert wurde.

a)

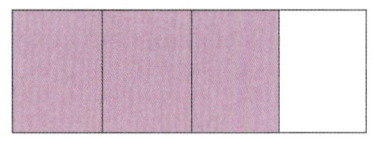

b)

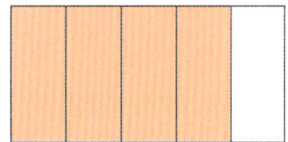

c)

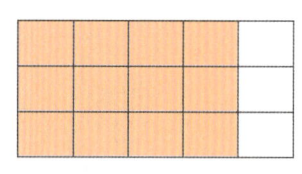

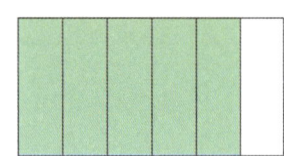

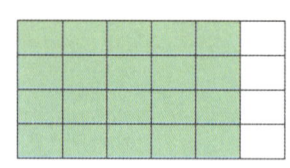

87 Ergänze die Zahl, mit der erweitert wurde.

Bruch	erweiterter Bruch	Erweiterungszahl
$\frac{1}{2}$	$\frac{3}{6}$	
$\frac{4}{5}$	$\frac{12}{15}$	
$\frac{7}{11}$	$\frac{28}{44}$	
$\frac{8}{5}$	$\frac{72}{45}$	

88 Ergänze die Zahl, durch die gekürzt wurde.

Bruch	gekürzter Bruch	Zahl, durch die gekürzt wurde
$\frac{15}{21}$	$\frac{5}{7}$	
$\frac{30}{20}$	$\frac{15}{10}$	
$\frac{12}{14}$	$\frac{6}{7}$	
$\frac{35}{30}$	$\frac{7}{6}$	

89 Erweitere die Brüche auf die gegebenen Nenner.

a) $\frac{3}{5} = \frac{}{10} = \frac{}{20} = \frac{}{35}$ b) $\frac{6}{7} = \frac{}{21} = \frac{}{70} = \frac{}{84}$ c) $\frac{7}{12} = \frac{}{24} = \frac{}{36} = \frac{}{120}$

90 Ergänze den Zähler bzw. Nenner.

a) $\frac{20}{48} = \frac{5}{}$ b) $\frac{49}{112} = \frac{}{16}$ c) $\frac{9}{135} = \frac{1}{}$ d) $\frac{12}{114} = \frac{}{19}$

91 Gegeben sind die Brüche: $\frac{16}{24}, \frac{60}{36}, \frac{112}{48}$

a) Kürze jeden Bruch durch 4.

b) Kürze jeden Bruch so, dass im Nenner 12 steht.

E Vergleichen von Brüchen / Ordnung

- Haben zwei Brüche den **gleichen Nenner**, hat der Bruch mit dem **kleineren Zähler** auch den kleineren Wert:

$$\frac{5}{11} < \frac{8}{11}$$

- Haben zwei Brüche den **gleichen Zähler**, hat der Bruch mit dem **größeren Nenner** den kleineren Wert:

$$\frac{6}{17} < \frac{6}{13}$$

- Haben zwei Brüche ungleiche Zähler und ungleiche Nenner, erweitert man so, dass in den Nennern das kgV der vorkommenden Nenner steht:

a) $\frac{2}{3}; \frac{3}{7}$ kgV(3, 7) = 21

$\frac{2}{3}$ erweitert mit 7 → $\frac{14}{21}$ $\frac{3}{7}$ erweitert mit 3 → $\frac{9}{21}$

d. h. $\frac{14}{21} > \frac{9}{21}$ → $\frac{2}{3} > \frac{3}{7}$

b) $\frac{5}{8}; \frac{6}{7}$ kgV(8, 7) = _____

$\frac{5}{8}$ erweitert mit _____ → $\frac{}{}$ $\frac{6}{7}$ erweitert mit _____ → $\frac{}{}$

d. h. $\frac{}{} < \frac{}{}$ → $\frac{}{} < \frac{}{}$

- Bei mehr als zwei Brüchen ist die Vorgangsweise gleich:

$\frac{7}{19}, \frac{2}{19}, \frac{11}{19}, \frac{5}{19}$ → $\frac{2}{19} <$ _____ < _____ < _____

$\frac{8}{13}, \frac{8}{15}, \frac{8}{21}, \frac{8}{9}$ →   _____ < _____ < _____ < _____

$\frac{3}{10}, \frac{1}{2}, \frac{4}{5}, \frac{9}{25}$ kgV(10, 2, 4, 25) = 100

$\frac{3}{10} = \frac{}{100}$ $\frac{1}{2} = \frac{}{100}$ $\frac{4}{5} = \frac{}{100}$ $\frac{9}{25} = \frac{}{100}$

$\frac{3}{10} <$ _____ < _____ < _____

3 Brüche

92 Ordne die Brüche der Größe nach. Beginne mit dem kleinsten Bruch.

a) $\frac{6}{11}$; $\frac{3}{11}$; $\frac{4}{11}$ _____

b) $\frac{6}{7}$; $\frac{2}{7}$; $\frac{1}{7}$; $\frac{3}{7}$ _____

93 Ordne die Brüche der Größe nach. Beginne mit dem größten Bruch.

a) $\frac{2}{11}$; $\frac{2}{7}$; $\frac{2}{13}$; $\frac{2}{15}$ _____

b) $\frac{1}{10}$; $\frac{1}{20}$; $\frac{1}{9}$; $\frac{1}{4}$ _____

94 Ordne die Brüche der Größe nach. Beginne mit dem kleinsten Bruch.

a) $\frac{7}{10}$; $\frac{2}{5}$; $\frac{11}{20}$; $\frac{3}{4}$ _____

b) $\frac{13}{50}$; $\frac{3}{10}$; $\frac{1}{4}$; $\frac{7}{25}$ _____

c) $\frac{6}{7}$; $\frac{16}{21}$; $\frac{2}{3}$; $\frac{1}{7}$ _____

95 Ordne jedem Bruch in der linken Spalte den Bruch mit demselben Wert aus der rechten Spalte zu. Trage dazu den Buchstaben neben dem passenden Bruch ein.

$\frac{15}{55}$			A	$\frac{26}{8}$	
$\frac{6}{7}$			B	$\frac{3}{11}$	
$1\frac{2}{9}$			C	$\frac{24}{28}$	
$\frac{13}{4}$			D	$\frac{11}{9}$	

96 Kreuze den Bruch an, der zwischen $\frac{2}{15}$ und $\frac{1}{5}$ liegt.

$\frac{3}{30}$	$\frac{7}{60}$	$\frac{9}{60}$	$\frac{19}{60}$	$\frac{20}{90}$
☐	☐	☐	☐	☐

97 Gib einen Bruch an, der zwischen den gegebenen Brüchen liegt.

a) $\frac{4}{9}$ und $\frac{6}{9}$ _____

b) $\frac{1}{10}$ und $\frac{7}{10}$ _____

c) $\frac{1}{25}$ und $\frac{1}{20}$ _____

F Addition und Subtraktion von Brüchen

- Brüche mit gleichen Nennern nennt man gleichnamig.
- Gleichnamige Brüche werden addiert bzw. subtrahiert, indem man die Zähler addiert bzw. subtrahiert. Die Nenner bleiben gleich!
- Gemischte Zahlen werden vorher in unechte Brüche umgewandelt.
- Die Summe bzw. die Differenz kann gegebenenfalls wieder als gemischte Zahl dargestellt werden. **Kürzen nicht vergessen**!

$$\frac{5}{11} + \frac{3}{11} - \frac{2}{11} = \frac{5+3-2}{11} = \frac{6}{11}$$

$$3\frac{2}{3} - \frac{1}{3} + 1\frac{1}{3} = \frac{11}{3} - \frac{1}{3} + \frac{4}{3} = \frac{11-1+4}{3} = \frac{14}{3} = 4\frac{2}{3}$$

- Ungleichnamige Brüche werden zuerst durch Erweitern gleichnamig gemacht.

$$\frac{3}{4} + \frac{5}{8} + \frac{7}{12} = \frac{18}{24} + \frac{15}{24} + \frac{14}{24} = \frac{47}{24} = 1\frac{23}{24} \qquad kgV(4, 8, 12) = 24$$

$$2\frac{6}{7} - \frac{3}{5} = \frac{20}{7} - \frac{3}{5} = \frac{}{35} - \frac{}{35} = \frac{}{35} = \underline{} \qquad kgV(7, 5) = 35$$

98 Ordne den Rechnungen das jeweils passende Ergebnis zu.

$\frac{2}{9} + \frac{3}{9}$	
$1\frac{2}{7} - \frac{3}{7}$	
$1\frac{1}{7} + \frac{2}{7}$	
$2\frac{2}{9} - 1\frac{1}{9}$	

A	$\frac{6}{7}$
B	$\frac{10}{7}$
C	$\frac{10}{9}$
D	$\frac{5}{9}$

99 Schreibe die entsprechende Rechnung an.

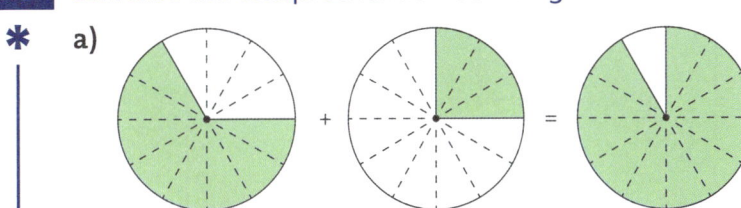

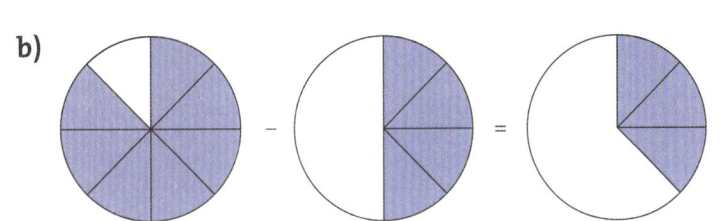

a)

b)

3 Brüche

100 Berechne und kürze, wenn möglich, das Ergebnis.

a) $\frac{3}{5} + \frac{6}{7} =$ _____

b) $\frac{2}{5} - \frac{1}{15} =$ _____

c) $\frac{3}{4} + 1\frac{5}{8} =$ _____

d) $3\frac{3}{4} - 1\frac{5}{8} =$ _____

101 Ergänze die fehlenden Zahlen. Kürze, wenn möglich.

a) $\frac{2}{3} - \frac{1}{4} - \frac{1}{12} = \frac{8}{\rule{0.5cm}{0.15mm}} - \frac{3}{\rule{0.5cm}{0.15mm}} - \frac{\rule{0.5cm}{0.15mm}}{\rule{0.5cm}{0.15mm}} = \frac{\rule{0.5cm}{0.15mm}}{\rule{0.5cm}{0.15mm}} = \frac{\rule{0.5cm}{0.15mm}}{\rule{0.5cm}{0.15mm}}$ kgV(3, 4, 12) = _____

b) $\frac{9}{16} - \frac{1}{4} + \frac{5}{8} = \frac{\rule{0.5cm}{0.15mm}}{16} - \frac{\rule{0.5cm}{0.15mm}}{16} + \frac{\rule{0.5cm}{0.15mm}}{16} = \frac{\rule{0.5cm}{0.15mm}}{\rule{0.5cm}{0.15mm}}$ kgV(16, 4, 8) = 16

c) $\frac{13}{4} + \frac{13}{6} - \frac{11}{9} = \frac{\rule{0.5cm}{0.15mm}}{\rule{0.5cm}{0.15mm}} + \frac{\rule{0.5cm}{0.15mm}}{\rule{0.5cm}{0.15mm}} - \frac{\rule{0.5cm}{0.15mm}}{\rule{0.5cm}{0.15mm}} = \frac{\rule{0.5cm}{0.15mm}}{\rule{0.5cm}{0.15mm}}$ kgV(4, 6, 9) = _____

d) $6\frac{1}{2} - 2\frac{1}{4} + 1\frac{1}{8} = \frac{\rule{0.5cm}{0.15mm}}{\rule{0.5cm}{0.15mm}} + \frac{\rule{0.5cm}{0.15mm}}{\rule{0.5cm}{0.15mm}} - \frac{\rule{0.5cm}{0.15mm}}{\rule{0.5cm}{0.15mm}} = \frac{\rule{0.5cm}{0.15mm}}{\rule{0.5cm}{0.15mm}}$ kgV(2, 4, 8) = _____

102 Ergänze die Tabelle.

x	y	z	x + y	x + z	y + z	x − y	y − z	x − z	x + y + z
$\frac{1}{3}$	$\frac{1}{4}$	$\frac{1}{6}$							
$\frac{1}{4}$	$\frac{1}{5}$	$\frac{1}{20}$							

103 Ordne jeder Rechnung das passende Ergebnis zu. Gib das Lösungswort an.

$\frac{9}{11} - \frac{7}{22}$	
$\frac{7}{12} - \frac{5}{36}$	
$\frac{13}{25} - \frac{11}{50}$	
$\frac{3}{5} + \frac{1}{6}$	
$\frac{2}{3} + \frac{2}{8}$	

A	$\frac{4}{9}$
E	$\frac{11}{12}$
M	$\frac{1}{2}$
I	$\frac{23}{30}$
G	$\frac{3}{10}$

Lösungswort: _____

G Multiplikation und Division von Brüchen und natürlichen Zahlen

$$\frac{5}{6} \cdot 4 = \frac{5}{6} + \frac{5}{6} + \frac{5}{6} + \frac{5}{6} = \frac{5+5+5+5}{6} = \frac{5 \cdot 4}{6} = \frac{20}{6} = \frac{10}{3} = 3\frac{1}{3}$$

Kürzen!

REGEL: Ein Bruch wird mit einer natürlichen Zahl multipliziert, indem man den **Zähler mit der Zahl multipliziert**.
Der Nenner bleibt unverändert.

- Gemischte Zahlen werden vor dem Multiplizieren in unechte Brüche umgewandelt.
- Es ist vorteilhaft, **vor** dem **Ausmultiplizieren** zu **kürzen**.

$$3\frac{1}{5} \cdot 2 = \frac{16}{5} \cdot 2 = \frac{32}{5} = 6\frac{2}{5} \qquad \frac{5}{18} \cdot 12 = \frac{5 \cdot \cancel{12}^{2}}{\cancel{18}^{3}} = \frac{10}{3} = 3\frac{1}{3}$$

- Bei der Division eines Bruches durch eine natürliche Zahl gibt es zwei Fälle:

REGEL:
- **1. Fall:** Der Divisor ist ein Teiler des Zählers.
  Der Zähler wird durch die natürliche Zahl dividiert.
- **2. Fall:** Der Divisor ist kein Teiler des Zählers.
  Der Nenner wird mit der natürlichen Zahl multipliziert.

$$\frac{16}{29} : 2 = \frac{16:2}{29} = \frac{8}{29} \qquad \frac{3}{4} : 5 = \frac{3}{4 \cdot 5} = \frac{3}{20}$$

$$\frac{12}{19} : 3 = \frac{4}{19} \qquad \frac{2}{7} : 11 = \frac{2}{77}$$

104 Berechne das Produkt.

a) $\frac{3}{11} \cdot 4 = \frac{12}{11} =$

b) $\frac{2}{21} \cdot 5 = \frac{10}{21}$

c) $1\frac{2}{3} \cdot 2 = \frac{10}{3} = 3\frac{2}{3}$

d) $2\frac{2}{5} \cdot 3 = \frac{12}{5} \cdot 3 = \frac{36}{5} = 7\frac{1}{5}$

3 Brüche

105 Berechne das Produkt. Kürze vor dem Ausmultiplizieren.

a) $\frac{7}{20} \cdot 4 =$ _____ c) $\frac{2}{27} \cdot 18 =$ _____

b) $\frac{11}{15} \cdot 10 =$ _____ d) $\frac{3}{14} \cdot 21 =$ _____

106 Für den Umfang u eines Quadrats mit der Seitenlänge a gilt: $u = 4 \cdot a$
Berechne den Umfang des Quadrats mit der gegebenen Seitenlänge.

a) $a = 4\frac{1}{5}$ cm $u =$ _____

b) $a = 3\frac{1}{6}$ cm $u =$ _____

c) $a = 9\frac{5}{8}$ cm $u =$ _____

d) $a = 1\frac{1}{12}$ cm $u =$ _____

107 Ordne den Divisionen den jeweils passenden Quotienten zu. Trage dazu den entsprechenden Buchstaben der rechten Spalte in die linke Spalte ein.

$\frac{15}{31} : 5$		A	$\frac{5}{12}$
$1\frac{2}{3} : 4$		B	$\frac{2}{9}$
$2\frac{4}{9} : 11$		C	$\frac{3}{31}$
$\frac{9}{17} : 12$		D	$\frac{3}{68}$

108 Ordne den Rechnungen in der linken Spalte die fehlenden Zahlen aus der rechten Spalte zu.

$\frac{x}{11} : 4 = \frac{2}{11}$		A	$x = 7$
$\frac{2}{x} : 3 = \frac{2}{21}$		B	$x = 8$
$1\frac{1}{4} : x = \frac{1}{4}$		C	$x = 10$
$\frac{x}{12} : 4 = \frac{5}{24}$		D	$x = 5$

H Multiplikation und Division von zwei Brüchen / Doppelbrüche

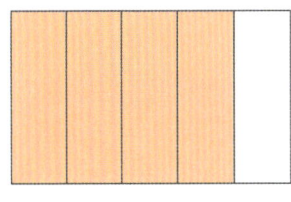

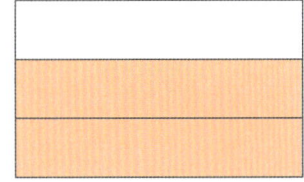

$$\frac{4}{5} \cdot \frac{2}{3} = \frac{8}{15}$$

REGEL: Zwei Brüche werden multipliziert, indem man **Zähler mit Zähler** und **Nenner mit Nenner** multipliziert.

- Falls möglich wird vor dem Multiplizieren gekürzt.
- Gemischte Zahlen werden vor dem Multiplizieren in unechte Brüche umgewandelt.

$$\frac{1}{3} \cdot \frac{2}{5} = \frac{1 \cdot 2}{3 \cdot 5} = \underline{} \qquad 2\frac{1}{2} \cdot \frac{3}{4} = \underline{} \cdot \frac{3}{4} = \underline{} = 1\underline{} \qquad \frac{4}{5} \cdot \frac{1}{2} = \frac{4^2 \cdot 1}{5 \cdot 2^1} = \underline{}$$

- $\frac{3}{4}$ wird als **Kehrwert** von $\frac{4}{3}$ bezeichnet.
- Für den Kehrwert eines Bruches werden **Zähler** und **Nenner vertauscht**.

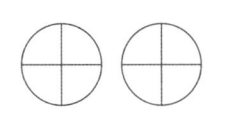

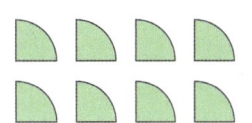

$$2 : \frac{1}{4} = 8$$

$$2 \cdot \frac{4}{1} = 8$$

Durch einen Bruch wird dividiert, indem man den Dividend mit dem Kehrwert des Divisors multipliziert.

- Falls möglich, wird vor dem Multiplizieren gekürzt.
- Gemischte Zahlen werden vor dem Dividieren in unechte Brüche umgewandelt.

$$3\frac{1}{2} : \frac{7}{8} = \frac{7}{2} : \frac{7}{8} = \frac{7^1}{2^1} \cdot \frac{8^4}{7^1} = \frac{4}{1} = 1$$

3 Brüche

109 Berechne das Produkt.

a) $\frac{1}{3} \cdot \frac{1}{6} =$ _____

b) $\frac{2}{5} \cdot \frac{1}{9} =$ _____

c) $\frac{1}{8} \cdot \frac{5}{9} =$ _____

d) $\frac{3}{7} \cdot \frac{4}{11} =$ _____

110 Ordne den Multiplikationen das jeweils passende Produkt zu.

$\frac{2}{7} \cdot \frac{3}{8}$	
$\frac{3}{11} \cdot \frac{11}{27}$	
$\frac{10}{9} \cdot \frac{3}{5}$	
$\frac{3}{4} \cdot \frac{8}{15}$	

A	$\frac{1}{9}$
B	$\frac{3}{28}$
C	$\frac{2}{5}$
D	$\frac{2}{3}$

111 Ergänze die fehlenden Zahlen.

a) $4\frac{1}{3} : 2\frac{1}{2} = \frac{}{3} : \frac{}{2} = \frac{}{} \cdot \frac{}{} = \frac{}{} =$ _____

b) $\frac{5}{6} : 3\frac{2}{5} = \frac{}{} : \frac{}{5} = \frac{}{} \cdot \frac{}{} = \frac{}{}$

c) $2\frac{1}{7} : 1\frac{1}{3} = \frac{}{} : \frac{}{} = \frac{}{} \cdot \frac{}{} = \frac{}{} =$ _____

112 Ein $5\frac{1}{2}$ m langer Holzstab wiegt $9\frac{2}{3}$ kg.

a) Wie viel wiegt 1 m dieses Holzstabes?
b) Wie viel m des Holzstabes wiegen 1 kg?

113 Stelle den Doppelbruch als einen Bruch dar.

$$\frac{\frac{4}{5}}{\frac{3}{2}} = \frac{4}{5} : \frac{3}{2} = \frac{4}{5} \cdot \frac{2}{3} = \frac{8}{15}$$ *Schreibe den Doppelbruch als Division und berechne!*

a) $\dfrac{\frac{12}{13}}{\frac{7}{8}} =$ _____

b) $\dfrac{\frac{8}{3}}{\frac{7}{6}} =$ _____

I Verbindung der Grundrechnungsarten

REGEL

„Punktrechnungen" (Multiplikation und Division) **vor** "Strichrechnungen" (Addition und Subtraktion) ausführen!

Klammern zuerst berechnen!

$$\frac{2}{3} + \frac{1}{2} \cdot \frac{1}{3} = \frac{}{6} + \frac{}{} = \frac{}{}$$

$$4\frac{3}{8} : \frac{1}{4} - 10\frac{1}{8} = \frac{}{8} : \frac{1}{4} - \frac{}{8} = \frac{}{} \cdot \frac{}{} - \frac{}{} = \frac{}{} - \frac{}{} = \frac{}{} = \underline{}$$

$$\left(\frac{1}{5} + \frac{1}{3}\right) \cdot \frac{1}{2} = \left(\frac{}{15} + \frac{}{15}\right) \cdot \frac{1}{2} = \frac{}{15} \cdot \frac{1}{2} = \frac{}{}$$

TIPP

Treten in einer Rechnung Brüche und Dezimalzahlen auf, wandle die Dezimalzahlen vorher in Brüche um!

$$3 - \frac{9}{5} : 1{,}5 = 3 - \frac{9}{5} : \frac{15}{10} = 3 - \frac{\cancel{9}^3}{5} \cdot \frac{2}{\cancel{3}^1} = 3 - \frac{6}{5} = \frac{15}{5} - \frac{6}{5} = \frac{9}{5}$$

Kürzen!

$$\frac{1}{6} \cdot \frac{2}{5} + 0{,}\dot{6} = \frac{1}{\cancel{6}^3} \cdot \frac{\cancel{2}^1}{5} + \frac{6}{9} = \frac{1}{15} + \frac{2}{3} = \frac{}{15} + \frac{}{15} = \frac{}{}$$

Kürzen!

114 Ordne den Rechnungen die jeweils passende Lösung zu. ★★

$\frac{1}{5} \cdot \frac{5}{9} + \frac{1}{18}$	
$4\frac{1}{2} - \frac{3}{7} : \frac{2}{7}$	
$6 - \left(\frac{2}{5} + \frac{4}{5}\right)$	
$\frac{8}{25} : \left(\frac{4}{5} - \frac{2}{3}\right)$	
$\left(\frac{1}{2} + \frac{1}{4}\right) \cdot \left(\frac{5}{6} - \frac{2}{3}\right)$	

A	3
E	$\frac{1}{8}$
K	$\frac{12}{5}$
L	$\frac{24}{5}$
F	$\frac{1}{6}$

Lösungswort: _____

115 Berechne.

a) $\left(\dfrac{3}{20} - \dfrac{2}{15}\right) : \left(\dfrac{5}{6} + \dfrac{2}{9}\right) =$ _____

b) $\left(\dfrac{2}{5} + \dfrac{7}{10}\right) : \left(\dfrac{1}{2} + \dfrac{1}{4} + \dfrac{1}{5}\right) =$ _____

c) $\left(\dfrac{6}{5} + 2 - \dfrac{1}{4}\right) : \left(\dfrac{1}{2} + \dfrac{7}{6}\right) =$ _____

d) $\left(4\dfrac{1}{2} + 1\dfrac{2}{3}\right) \cdot \dfrac{1}{37} =$ _____

116 Wandle die Dezimalzahlen in Brüche um und berechne.

a) $0{,}25 : \left(\dfrac{1}{7} + \dfrac{2}{3}\right) =$ _____

b) $\dfrac{1}{4} : \left(0{,}3 + \dfrac{1}{2}\right) =$ _____

c) $\left(\dfrac{4}{5} - 0{,}3\right) \cdot \left(0{,}6 + \dfrac{1}{6}\right) =$ _____

117 Schreibe den Text als Rechnung an und bestimme das Ergebnis.

a) Bilde die Summe von $\dfrac{7}{8}$ und dem Quotienten der Zahlen $\dfrac{5}{6}$ und $\dfrac{2}{7}$.

b) Subtrahiere von $\dfrac{5}{7}$ das Produkt der Zahlen $\dfrac{1}{2}$ und $\dfrac{1}{3}$.

c) Bilde den Quotienten von $\dfrac{1}{4}$ und der Summe von $\dfrac{1}{7}$ und $\dfrac{1}{3}$.

d) Bilde den Quotienten von $\dfrac{2}{3}$ und der Differenz von $\dfrac{3}{4}$ und $\dfrac{1}{2}$.

Online-Test
Finde heraus, ob du das Thema dieses Kapitels schon drauf hast. Einfach QR-Code scannen und los geht's!

Prozent und Promille

A Bruchteile in Prozent angeben / graphische Darstellung

- Teile eines Ganzen führen zu Brüchen.
- Möchte man mehrere Bruchteile miteinander vergleichen, bringt man auf gemeinsamen Nenner.

REGEL

- Häufig bringt man die Brüche auf **Hundertstel** und verwendet dafür die Bezeichnung **Prozent (%)**.

  $\frac{1}{100} = 1\%$

- Das Ganze wird als **Grundwert (G)** bezeichnet.

  20 von 50 Personen sind $\frac{20}{50} = \frac{40}{100} = 40\%$

  8 von 25 Personen sind $\frac{8}{25} = \frac{32}{100} = 32\%$

  $\frac{p}{100} = p\%$

- Die Zahl p wird als **Prozentsatz** bezeichnet.
- Jede **Prozentangabe** kann auch als **Dezimalzahl** geschrieben werden.

$\frac{7}{20} = \frac{35}{100} = 35\% = 0{,}35$ $\qquad$ $\frac{1}{20} = \frac{5}{100} = 5\% = 0{,}05$

- Prozentsätze lassen sich in einem **Kreisdiagramm** oder in einem **Streifendiagramm** graphisch darstellen:

REGEL

- Die ganze Kreisfläche ist 100%. Der Kreisbogen beschreibt einen Winkel von 360° (voller Winkel).

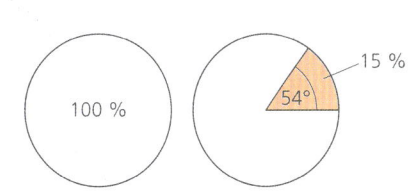

  100% ≙ 360° → 1% ≙ 3,6°

  15% ≙ 15 · 3,6 = 54°

- Ein zB 10 cm = 100 mm langer Streifen entspricht 100%.

  1% ≙ 1 mm

  15% ≙ 15 mm = 1,5 cm

4 Prozent und Promille

118 Gib den Bruch mit dem Nenner 100 und in Prozentschreibweise an.

a) $\frac{4}{50} =$ _____

b) $\frac{8}{10} =$ _____

c) $\frac{10}{25} =$ _____

d) $\frac{1}{2} =$ _____

e) $\frac{9}{10} =$ _____

f) $\frac{17}{25} =$ _____

119 Schreibe die Dezimalzahl in Prozentschreibweise.

a) 0,26 = _____ c) 0,89 = _____

b) 0,17 = _____ d) 0,04 = _____

120 Schreibe die Prozentangabe in Bruchschreibweise und als Dezimalzahl.

a) 14% = _____ c) 9% = _____

b) 78% = _____ d) 75% = _____

121 Schreibe als Bruch mit dem Nenner 100 und in Prozentschreibweise.

a) 1 von 2 Personen

b) 27 von 50 Buben

c) 8 von 10 Mädchen

d) 13 von 25 Losen

e) 3 von 5 Fragen

f) 7 von 10 Autos

122 Kreuze an, ob die Aussage richtig oder falsch ist.

	Richtig	Falsch
0,3 = 3%	☐	☒
0,07 = 7%	☒	☐
$\frac{1}{10}$ = 10%	☒	☐
$\frac{1}{4}$ = 40%	☐	☒

123 Vervollständige die Tabelle.

Bruch	Dezimalzahl	Prozentschreibweise
$\frac{1}{4}$	0,25	25%
$\frac{1}{8}$	0,125	12,5%
$\frac{80}{100} = \frac{4}{5}$	0,8	80%
$\frac{7}{8}$	0,875	87,5%

124 Gib als Bruch, in Dezimalschreibweise und in Prozentschreibweise an.

a)

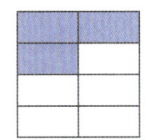

b)

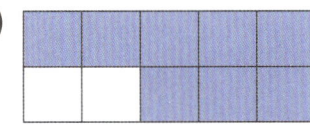

c)

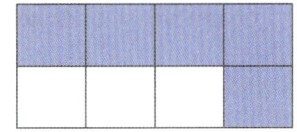

125 Stelle in einem 10 cm langen Prozentstreifen und in einem Kreisdiagramm dar.

a) 35%
b) 40% und 10%
c) 15%, 25% und 45%

B Prozentwert bestimmen / prozentuelle Änderungen

REGEL

Das Rechnen mit Prozenten funktioniert genauso wie das Rechnen mit Brüchen. Man verwendet aber andere Bezeichnungen:

90 von 360 Kindern sind $\frac{90}{360} = \frac{1}{4} = \frac{25}{100} = 25\%$

360 → **Grundwert (G)**
90 → **Prozentwert (W)**
25 → **Prozentsatz (p)**

Wie viel sind 20% von 55 €?
20% ... Prozentsatz   55 € ... Grundwert   ? ... W

20% von 55 € = $\frac{20}{100} \cdot 55 = \frac{1}{5} \cdot 55 = 11$ € (= Prozentwert)

$$W = G \cdot p\% = G \cdot \frac{p}{100}$$

126 Kennzeichne im Text den Grundwert rot, den Prozentwert grün und den Prozentsatz blau.

a) 6% von 100 € sind 6 €.

b) 14 Kinder, das sind 25% von 56 Kindern, tragen eine Brille.

c) Klara hat in ihrem Buch mit 240 Seiten bereits 168 Seiten gelesen. Das sind 70% aller Buchseiten.

d) Ein Käse enthält 20% Fett. 350 g dieser Käsesorte enthalten daher 70 g Fett.

e) 8 Kinder haben bei der letzten Mathematikschularbeit ein „Gut" erreicht. Das sind 40% der 20 Kinder, die diese Klasse besuchen.

127 Bestimme im folgenden Satz, ob der Grundwert, der Prozentwert oder der Prozentsatz nicht gegeben ist.

a) Ein Becker verkauft 840 Semmeln. Das sind 70% seines Vorrats.

b) Dieter hat von seinem 25 € Taschengeld bereits 10 € ausgegeben.

c) Bei einer Lieferung von 100 Eiern sind 6% kaputt gegangen.

d) In eine Klasse gehen 32% Burschen und es gibt 17 Mädchen in der Klasse.

e) In einer Bücherei sind 20% der an einem Tag ausgeborgten Bücher Krimis. Das sind 12 Bücher.

128 Berechne den Prozentwert W.

a) 10% von 360 € _____

b) 30% von 450 kg _____

c) 90% von 360 ha _____

d) 35% von 456 m³ _____

REGEL

Mit der Formel für die Berechnung des Prozentwerts W lässt sich auch der Wert nach einer **prozentuellen Zu- bzw. Abnahme** berechnen.

Der Preis eines 18 500 € teuren Autos wird um 4% erhöht. Wie hoch ist der neue Preis?

alter Preis → 100%

neuer Preis → 100% (alter Preis) + 4% (Erhöhung) = 104%

neuer Preis W = 104% vom alten Preis =

$$= \frac{104}{100} \cdot 18\,500 = 1{,}04 \cdot 18\,500 = 19\,240 \text{ €}$$

$1{,}04 \left(= 1 + \frac{p}{100}\right)$ heißt **Wachstumsfaktor**

Der Preis eines 18 500 € teuren Autos wird um 4% gesenkt. Wie hoch ist der neue Preis?

alter Preis → 100%

neuer Preis → 100% (alter Preis) − 4% (Senkung) = 96%

neuer Preis W = 96% vom alten Preis =

$$= \frac{96}{100} \cdot 18\,500 = 0{,}96 \cdot 18\,500 = 17\,760 \text{ €}$$

$0{,}96 \left(= 1 - \frac{p}{100}\right)$ heißt **Abnahmefaktor**

129 Gib für die prozentuelle Zunahme um den gegebenen Prozentsatz den Wachstumsfaktor an.

a) 3% _____

b) 8% _____

c) 45% _____

d) 80% _____

4 Prozent und Promille

130 Gib für die prozentuelle Abnahme um den gegebenen Prozentsatz den Abnahmefaktor an.

a) 5% _____ c) 40% _____

b) 10% _____ d) 75% _____

131 Wird der gegebene Nettopreis einer Ware um 20% Mehrwertsteuer (MwSt.) erhöht, erhält man den Bruttopreis. Berechne den Bruttopreis.

a) 150 € _____ c) 600 € _____

b) 230 € _____ d) 735 € _____

132 Ein Preisnachlass wird als Rabatt bezeichnet. Wird eine Ware sofort in bar bezahlt oder innerhalb einer bestimmten vom Händler vorgegebenen Frist, wird dieser Rabatt als Skonto bezeichnet. Berechne den reduzierten Preis.

a) 150 €, 10% Rabatt _____

b) 420 €, 3% Skonto _____

c) 856 €, 15% Preisnachlass _____

d) 340 €, 5% Skonto _____

e) 650 €, 12% Rabatt _____

f) 1 300 €, 8% Skonto _____

133 Eine Jeans kostet 80 €. Welchen Preis hat die Jeans nach verschiedenen Preisänderungen? Ordne den Änderungen in der linken Spalte den jeweils passenden Preis in der rechten Spalte zu.

Preiserhöhung auf 110%	
Preissenkung um 15%	
Preiserhöhung um 5%	
Preissenkung auf 80%	

A	68 €
B	64 €
C	88 €
D	84 €

C Grundwert bestimmen

Durch Umformung der Formel $W = G \cdot \frac{p}{100}$ erhält man eine Formel zur Berechnung des Grundwerts G:

REGEL

$$G = W : \frac{p}{100}$$

Der Grundwert G wird berechnet, indem man den Prozentwert W durch $\frac{p}{100}$ dividiert.

---

a) 35% von welchem Wert sind 168 €?
p = 35   W = 168   (p und W entsprechen einander!)

$G = 168 : \frac{35}{100} = 168 \cdot \frac{100}{35} = 168 \cdot \frac{20}{7} = 480$ €

168 € sind 35% von 480 €.

b) Der Preis einer Ware beträgt inklusive 20% MwSt. 372 € (= Bruttopreis). Bestimme den Nettopreis (= Preis ohne MwSt.).
W = 372
Es gilt: Prozentsatz = 100% (Nettopreis = G) + 20% (MwSt.) = 120%
D. h. p = 120

$G = 372 : \frac{120}{100} = 372 \cdot \frac{100}{120} = 372 \cdot \frac{5}{6} = 310$ €

Der Nettopreis beträgt 310 €.

---

134 Berechne den Wert für x.

a) 56 kg sind 14% von x = _____ kg

b) 188 m sind 80% von x = _____ m

c) 72 km sind 15% von x = _____ km

d) 111 € sind 25% von x = _____ €

135 Bestimme den fehlenden Wert.

a) Ein Kunde leistet für ein Auto 6 125 € Anzahlung. Das sind 35% der Kaufsumme. Bestimme den Preis des Autos.

b) Bei einem Marathonlauf kommen nur 48% aller Läufer ins Ziel. Das sind 84 Läufer. Bestimme die Anzahl der gestarteten Läufer.

c) 27 € sind 9% von welchem Betrag?

d) 9,6 kg sind 8% von welcher Masse?

e) In einer Wohnanlage sind bereits 312 Wohnungen vergeben. Das sind 60% aller verfügbaren Wohnungen. Bestimme die Anzahl aller verfügbaren Wohnungen in dieser Anlage.

f) In einer Stadt sind 40% der Einwohnerinnen/Einwohner jünger als 50 Jahre. Das sind 4 600 Personen. Wie viele Einwohnerinnen/Einwohner hat die Stadt insgesamt?

136 Gegeben ist der Bruttopreis einer Ware inklusive 20% MwSt. Berechne den Nettopreis.

a) Bruttopreis = 1 182 €   Nettopreis = _____

b) Bruttopreis = 1 872 €   Nettopreis = _____

137 Jemand kauft eine Waschmaschine und zahlt mit 10% Preisnachlass 318,60 €.

a) Berechne den Preis ohne Preisnachlass.

b) Berechne den Nettopreis (= Preis ohne 20% MwSt.)

138 Der Bruttopreis einer Ware ist nach der jeweils beschriebenen Änderung 120 €. Ordne den beschriebenen Änderungen den jeweiligen Ausgangspreis zu.

Erhöhung um 40%	
Senkung auf 40%	
Erhöhung auf 130%	
Senkung um 30%	

A	92,31 €
B	85,71 €
C	171,43 €
D	300 €

D Promille

Bei der Promillerechnung wird das Ganze in **1 000 gleiche Teile** zerlegt.

REGEL

1 Promille = 1‰ = $\frac{1}{1\,000}$ = 0,001

W ... Promillewert   G ... Grundwert   p ... Promillesatz

$W = G \cdot p‰ = G \cdot \frac{p}{1\,000}$ $G = W : \frac{p}{1\,000}$ $p = \frac{W}{G} \cdot 1\,000$

139 Schreibe die Brüche in Promilleschreibweise bzw. die Promilleangaben als gekürzten Bruch.

a) $\frac{21}{1000}$ = _____

b) $\frac{560}{1000}$ = _____

c) 700‰ = _____

d) 120‰ = _____

140 Berechne.

a) 5 ‰ von 12 000 € = _____

b) 200 ‰ von 4 500 € = _____

141 Berechne den Wert für x.

a) 39 m sind 5‰ von x = _____ m

b) 60 ha sind 12‰ von x = _____ ha

142 Ordne dem Satzteil in der ersten Spalte den passenden Satzteil in der zweiten Spalte so zu, dass eine richtige Aussage entsteht.

Eine Erhöhung um 100‰ entspricht	
Eine Senkung um 100‰ entspricht	
Eine Senkung auf 100‰ entspricht	
Eine Erhöhung auf 1 010‰ entspricht	

A	der Multiplikation mit dem Faktor 0,9.
B	der Multiplikation mit dem Faktor 1,1.
C	der Multiplikation mit dem Faktor 1,01.
D	der Multiplikation mit dem Faktor 0,1.

Online-Test
Finde heraus, ob du das Thema dieses Kapitels schon drauf hast. Einfach QR-Code scannen und los geht's!

Geometrische Grundbegriffe

A Punkt, Strecke, Strahl, Gerade

- **Punkte** sind die kleinste geometrische Einheit. Sie werden mit **Großbuchstaben** beschriftet.

    ×   ×   ×
    A   B   C

- Eine **Strecke** ist die kürzeste Verbindung zwischen zwei Punkten.
  Jede Strecke hat einen **Anfangs-** und einen **Endpunkt**.
  Eine Strecke bezeichnet man mit **Kleinbuchstaben** oder mit den **Eckpunkten**.

    ×————a————×   a = DE
    D   E

- Ein **Strahl** ist eine gerade Linie, die einen **Anfangspunkt**, aber **keinen Endpunkt** hat. Die Bezeichnung erfolgt mit **Kleinbuchstaben**.

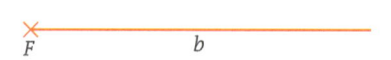

    ×————————b————————
    F

- Eine **Gerade** ist eine gerade Linie, die **weder** einen **Anfangs-** **noch** einen **Endpunkt** hat. Die Bezeichnung erfolgt mit **Kleinbuchstaben**.

    —————————c—————————

- Werden mehrere Strecken aneinandergefügt, entsteht ein **Streckenzug**.
  geschlossener Streckenzug: der Anfangspunkt fällt mit dem Endpunkt zusammen
  offener Streckenzug: der Anfangspunkt fällt nicht mit dem Endpunkt zusammen

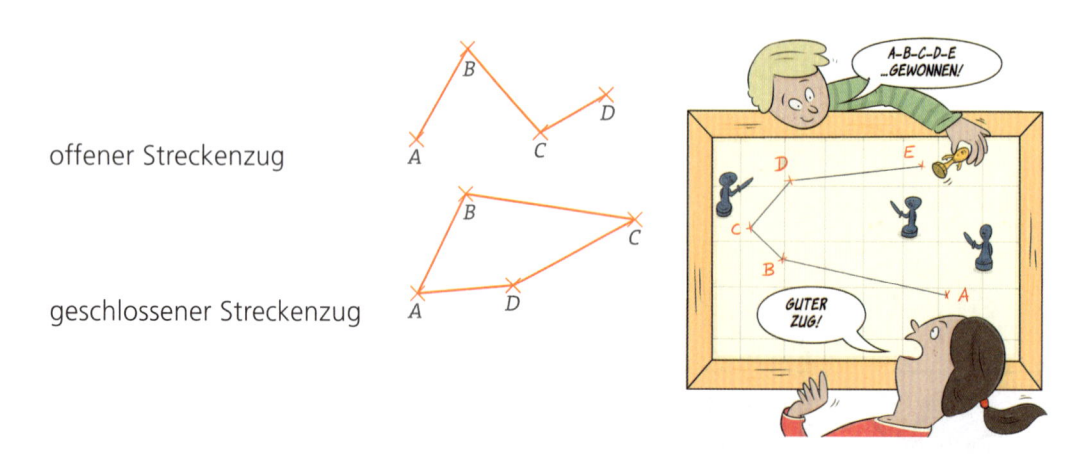

offener Streckenzug

geschlossener Streckenzug

143 Ordne nach Strecken, Strahlen und Geraden oder keines davon.

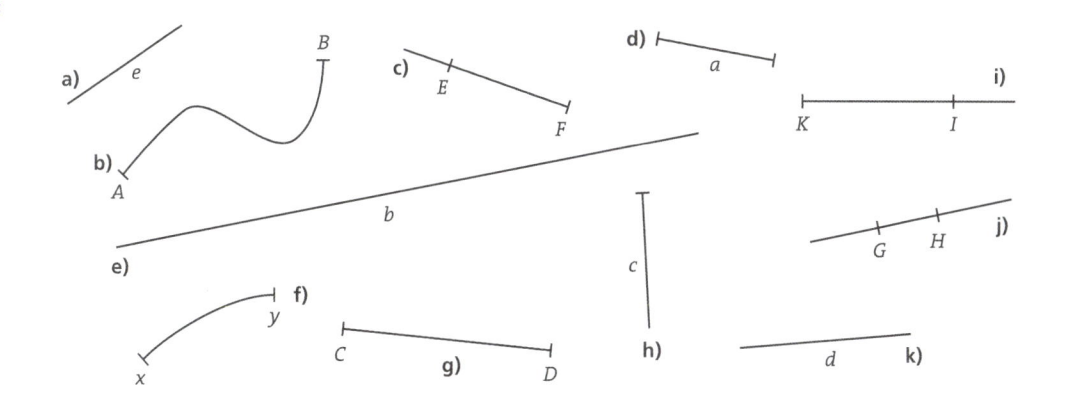

144 Zeichne mit einem Geodreieck die Strecke und beschrifte sie.
    a) $a = 4$ cm   **b)** $\overline{CD} = 2{,}5$ cm   **c)** $d = 5$ cm 7 mm   **d)** $b = \overline{XY} = 3$ cm

145 Zeichne drei parallele Geraden p_1, p_2, p_3.

146 Zeichne die Strecken so, dass sie senkrecht aufeinander stehen.
    a) $e = 5$ cm; $f = 6$ cm   **b)** $\overline{AB} = 4$ cm 6 mm; $\overline{XY} = 3{,}8$ cm

147 Zeichne durch die Punkte A und B eine Gerade, und zeichne einen Strahl mit dem Anfangspunkt D, der durch den Punkt C geht.

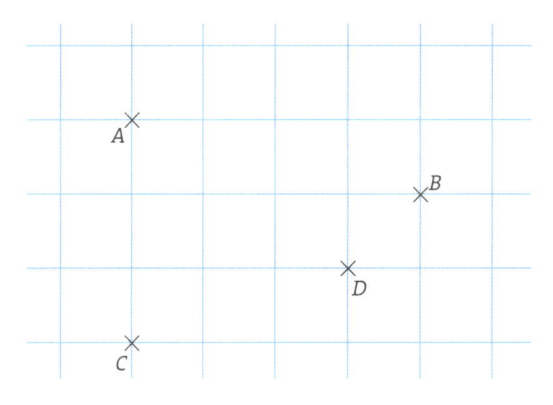

B Winkel / Winkelmaße

- Winkel werden mit **griechischen** Buchstaben beschriftet.
- *a* und *b* sind die **Schenkel** des Winkels.
- *S* ist der **Scheitel** des Winkels.
- Die Einheit für das Messen und Zeichnen eines Winkels ist **Grad** (°).
- $1° = \frac{1}{90}$ des rechten Winkels
- 1° = 60′ (Winkelminuten)
- 1′ = 60″ (Winkelsekunden)

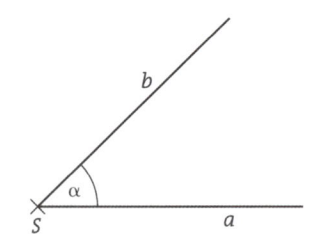

REGEL

Winkelarten:

spitzer Winkel	→	liegt zwischen 0° und 90°
rechter Winkel	→	90°
stumpfer Winkel	→	liegt zwischen 90° und 180°
gestreckter Winkel	→	180°
erhabener Winkel	→	liegt zwischen 180° und 360°
voller Winkel	→	360°

12° = (12 · 60)′ = 720′ (Winkelminuten)
11′ = (11 · 60)″ = 660″ (Winkelsekunden)
480′ = (480 : 60)° = 8°
180″ = (180 : 60)′ = 3′

Mehrnamige Winkelmaße lassen sich in Grad umwandeln, Gradmaße häufig wieder mehrnamig anschreiben:

45°30′ = (45 + 30 : 60)° = (45 + 0,5)° = 45,5°

120°12′ = (120 + 12 : _____)° = (120 + _____)° = _____ °

78,3° = 78° + 0,3° = 78° (0,3 · 60)′ = 78° 18′

170,4° = _____ ° + _____ ° = _____ ° (_____ · 60)′ = _____ ° _____ ′

148 Ergänze den Text.

Ein Winkel, der zwischen 0° und 90° liegt, wird als _____ Winkel bezeichnet. Hat der Winkel genau 90°, spricht man von einem _____ Winkel. Um einen stumpfen Winkel handelt es sich, wenn dieser zwischen _____° und _____° groß ist. Ist der Winkel größer als 180° und kleiner als 360°, nennt man das einen _____ Winkel. Ein voller Winkel hat _____°. Ein _____ Winkel ist halb so groß wie ein voller Winkel.

149 Miss die Größe des Winkels. Gib auch die Winkelart an.

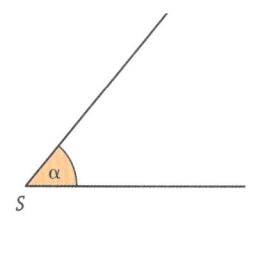

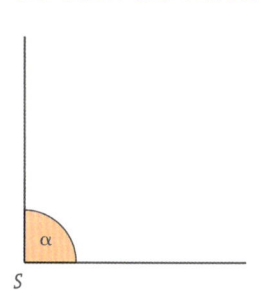

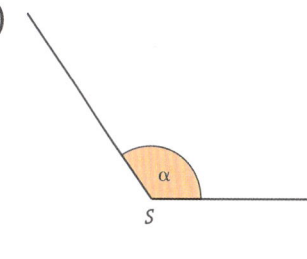

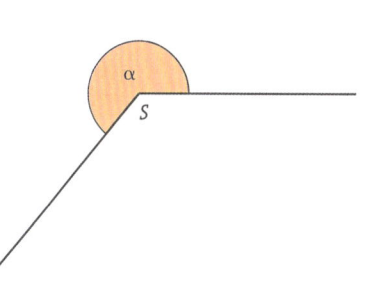

a) b) c)

d) e)

150 Wandle in Winkelminuten um.

a) 56° = _____
b) 112° = _____
c) 1 620″ = _____
d) 1 860″ = _____

151 Schreibe mehrnamig an.

a) 910′ = _____
b) 1 000′ = _____
c) 1 970′ = _____
d) 790′ = _____

152 Schreibe in Grad an.

a) 130° 24′   b) 200° 15′   c) 270° 42′   d) 55° 48′

C Winkelpaare

- Schneiden sich zwei Geraden, heißen die gegenüberliegenden Winkel **Scheitelwinkel**. Die Winkel sind gleich groß.

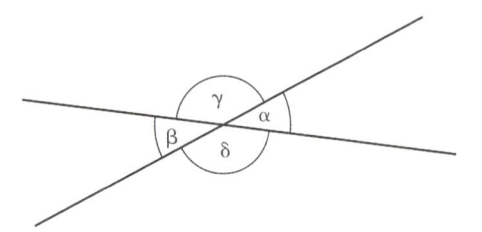

$\alpha = \beta;\ \gamma = \delta$

- **Supplementäre Winkel**: ergänzen sich auf 180°

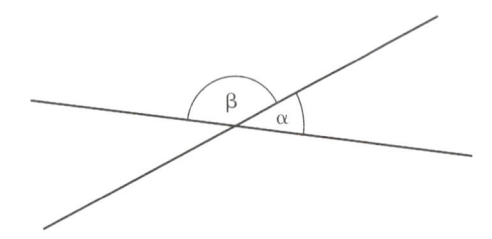

$\alpha + \beta = 180°$

- **Komplementäre Winkel**: ergänzen sich auf 90°

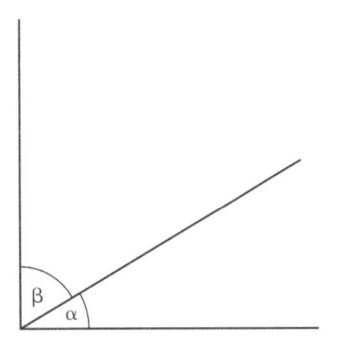

$\alpha + \beta = 90°$

- **Parallelwinkel**: Winkel mit parallelen Schenkeln
  Parallelwinkel sind **gleich groß** oder **supplementär.**

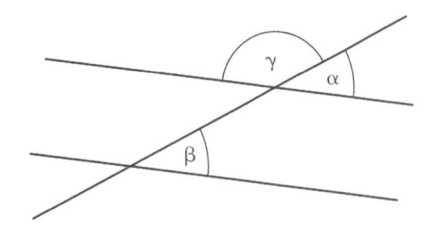

$\alpha = \beta$
$\alpha + \gamma = 180°$

- **Normalwinkel**: Winkel, deren Schenkel normal aufeinander stehen. Normalwinkel sind **gleich groß** oder **supplementär**.

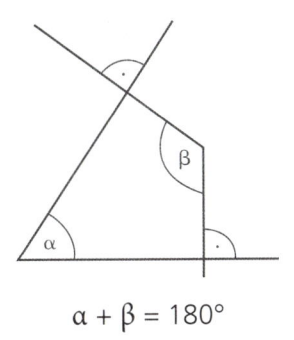

$\alpha + \beta = 180°$ $\qquad$ $\alpha = \beta$

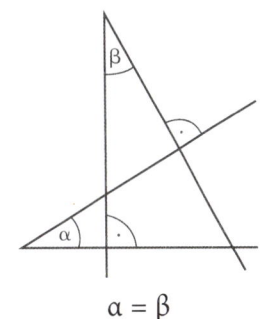

153 Berechne zum gegebenen Winkel den Supplementärwinkel.

a) 37° _____ b) 87° _____ c) 136° _____ d) 165° _____

154 Berechne zum gegebenen Winkel den Komplementärwinkel.

a) 25° _____ b) 18° _____ c) 77° _____ d) 86° _____

155 Berechne den Komplementär- und den Supplementärwinkel zum gegebenen Winkel.

a) 34°15′ _____ b) 58°30′ _____ c) 70°45′ _____

156 Zeichne zwei Geraden, die sich unter dem Winkel α = 40° schneiden und berechne die Maße der anderen drei Winkel. Kontrolliere durch Messen.

157 Bestimme das Maß der nicht angegebenen Winkel.

a) α = 44°

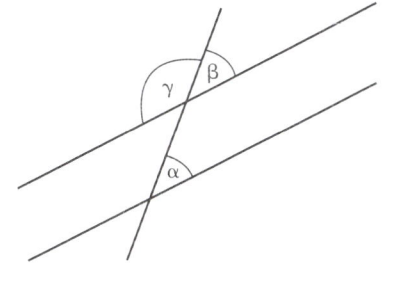

b) α = 55°

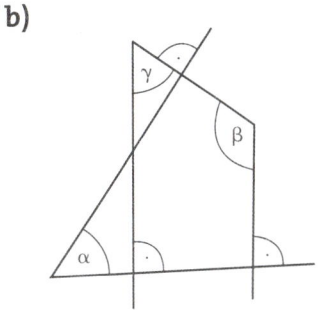

D Das Koordinatensystem

- Man wählt einen Startpunkt O (= **Ursprung**) und zeichnet zwei Zahlenstrahlen, die einen rechten Winkel miteinander einschließen.
- Dadurch entsteht ein (rechtwinkliges) **Koordinatensystem**.
- Die waagrechte Achse heißt **x-Achse (1. Achse)**.
- Die senkrechte Achse heißt **y-Achse (2. Achse)**.
- Jedem Punkt im Koordinatensystem wird ein Zahlenpaar (die **Koordinaten**) zugeordnet.
- Zuerst wird immer die x-Koordinate und dann die y-Koordinate angegeben.

A(5|3) heißt: Gehe von 0 aus 5 Einheiten nach rechts und dann 3 Einheiten senkrecht nach oben.
5 ist die x-Koordinate, 3 die y-Koordinate des Punktes A.

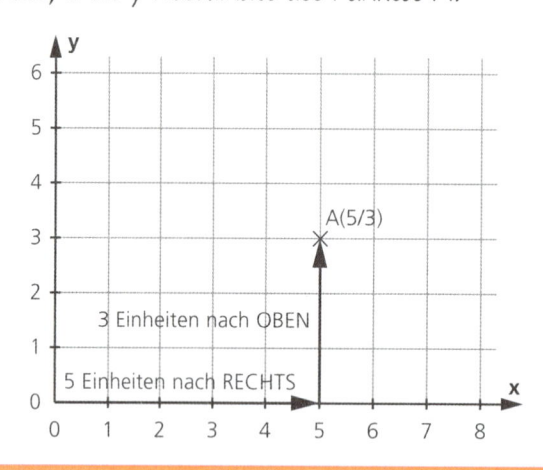

158 Gib die Koordinaten der Punkte an.

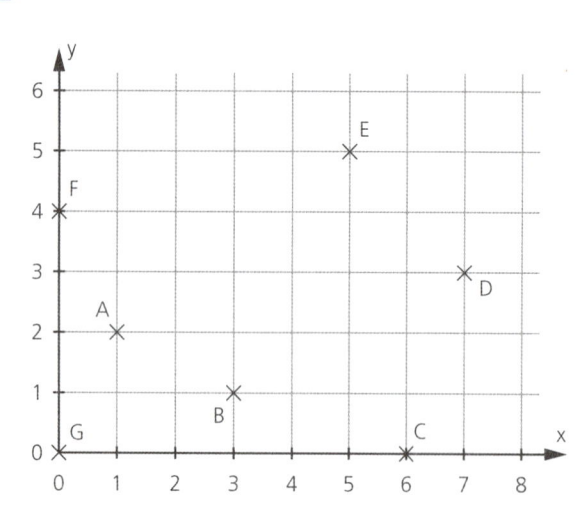

A (|)

B (|)

C (|)

D (|)

E (|)

F (|)

G (|)

159 Gib die Koordinaten der Eckpunkte der Buchstaben an.

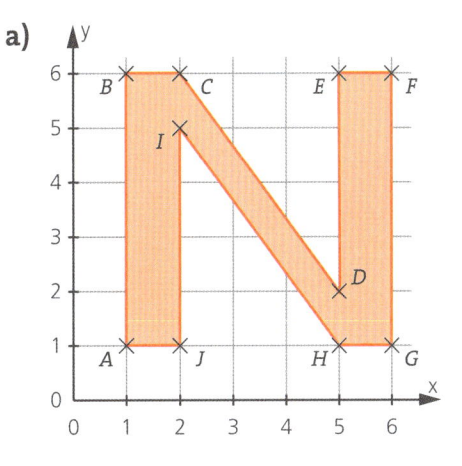

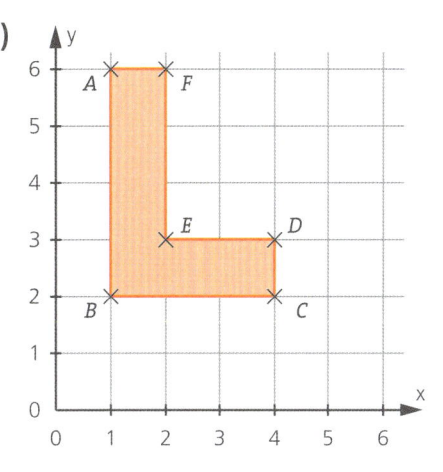

a) b)

160 Zeichne die Punkte in das Koordinatensystem und verbinde sie zu einem geschlossenen Streckenzug. Welche Figur entsteht?

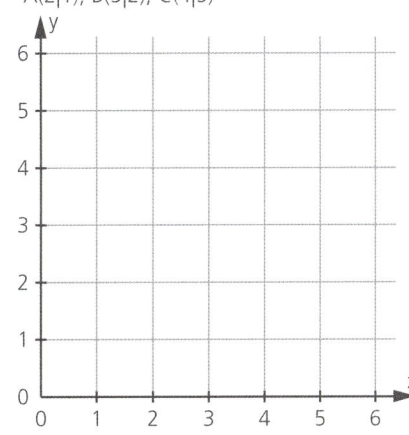

a) A(2|1), B(5|2), C(4|5)

b) A(1|1), B(6|1), C(6|5), D(1|5)

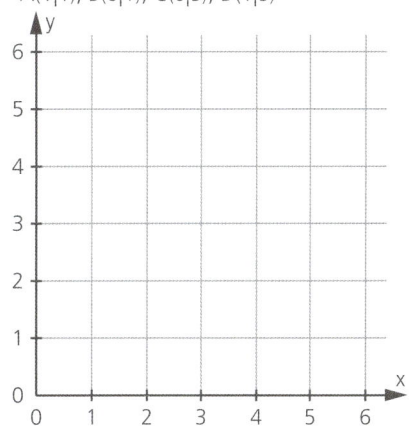

161 Zeichne das Quadrat in ein Koordinatensystem und gib die Koordinaten des fehlenden Eckpunkts an.

a) A(3|2), B(7|2), C(7|6), D
b) A, B(7|0), C(7|6), D(1|6)
c) A(2|1), B(5|2), C(4|5), D
d) A(2|2), B, C(6|4), D(3|5)

Zeichne genau, damit du die exakten Koordinaten ablesen kannst!

162 Zeichne das Rechteck in ein Koordinatensystem und gib die Koordinaten des fehlenden Eckpunkts an.

a) A(0|2), B(8|2), C, D(0|7)
b) A(3|2), B, C(5|7), D(3|7)

E Symmetrie

- Teilt eine **Symmetrieachse** (= Spiegelachse) eine Figur in zwei deckungsgleiche (= kongruente) Teile, spricht man von einer symmetrischen Figur.
- Symmetrische Figuren können eine oder mehrere **Symmetrieachsen** haben.

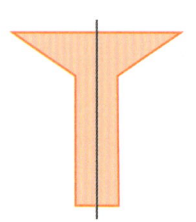

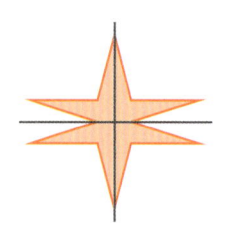

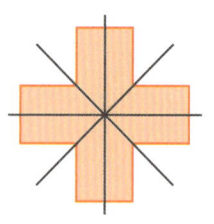

163 Zeichne alle Symmetrieachsen ein.

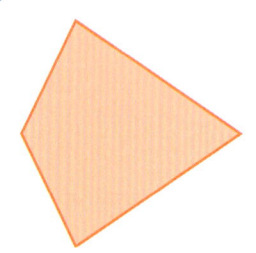

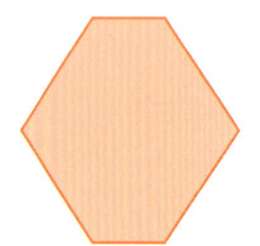

164 Ergänze zu einer symmetrischen Figur.

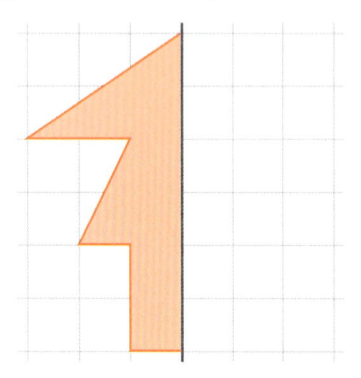

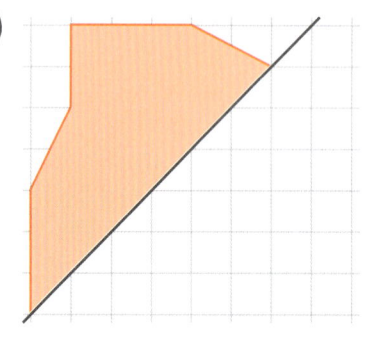

a)

b)

165 Finde drei Fehler, die die Schmetterlinge nicht ganz symmetrisch machen.

a)

b)

> **TIPP:** Verbindet man zwei symmetrisch liegende Punkte P und P', ist die Verbindungsstrecke **senkrecht** (normal) zur Symmetrieachse.

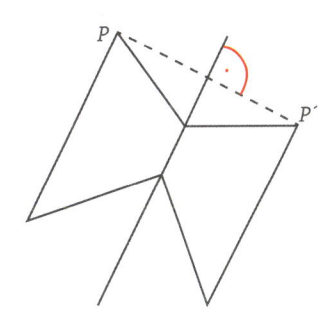

166 Zeichne die zu den gegebenen Punkten A, B und C symmetrischen Punkte A', B' und C' und gib deren Koordinaten an. Überprüfe, dass die Strecken AA', BB' und CC' senkrecht auf die Symmetrieachse stehen. Was passiert, wenn ein Punkt auf der Symmetrieachse liegt? Ergänze den Satz.

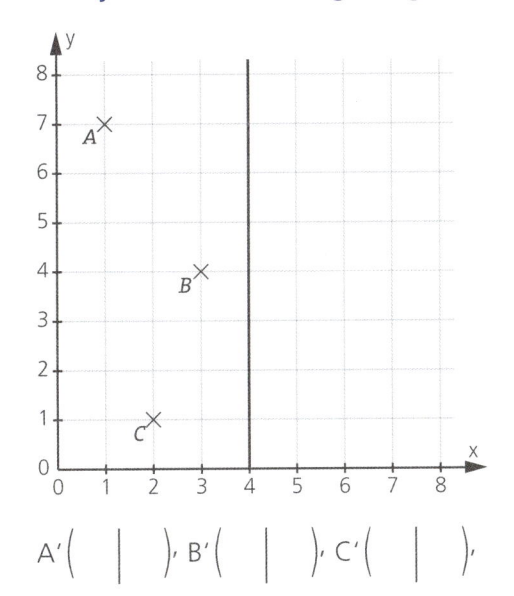

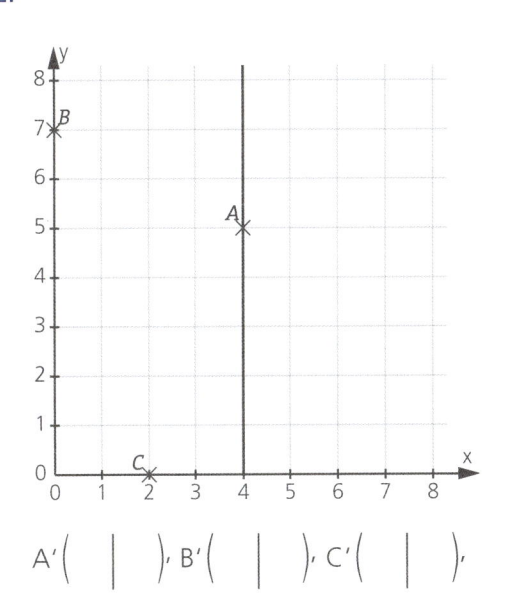

A'(|), B'(|), C'(|),

A'(|), B'(|), C'(|),

Liegt ein Punkt auf der Symmetrieachse, _____

167 Zeichne die Vierecke in ein Koordinatensystem und spiegle sie an der Geraden g. Gib die Koordinaten der gespiegelten Punkte an.

a) A(0|5), B(2|7), C(5|4), D(3|2);   g geht durch X(5|8) und Y(5|1)
b) A(0|2), B(3|2), C(3|5), D(0|5);   g geht durch X(1|8) und Y(7|2)

F Streckensymmetrale und Winkelsymmetrale

Eigenschaften der Streckensymmetrale s_{AB} der Strecke AB:

- Gerade, die senkrecht (normal) zur Strecke AB steht.
- Gerade, die durch den Mittelpunkt der Strecke AB geht.
- Gerade, deren Punkte alle gleich weit von den Endpunkten A und B der Strecke entfernt sind.

TIPP

Konstruktion:

- Stich mit dem Zirkel im **Endpunkt A** ein und nimm mehr als die Hälfte der Strecke in den Zirkel.
- Zeichne auf beiden Seiten der Strecke je einen **Kreisbogen**. Ändere die Strecke im Zirkel nicht!
- Stich im **Endpunkt B** ein und zeichne auf beiden Seiten der Strecke weitere **Kreisbögen** so ein, dass sie sich mit den anderen Kreisbögen schneiden.
- Ziehe durch die beiden Schnittpunkte eine **Gerade** – die **Streckensymmetrale** der Strecke AB.

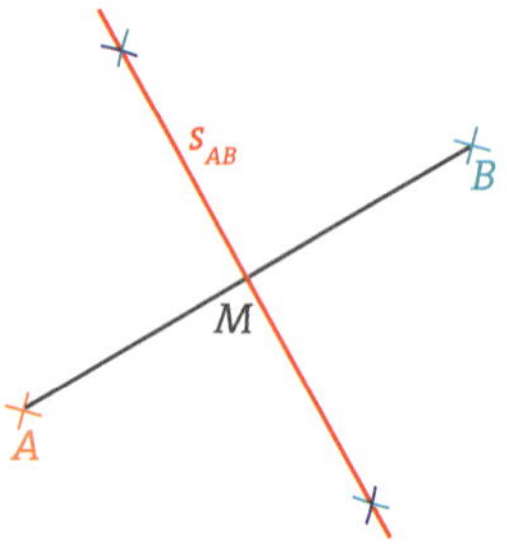

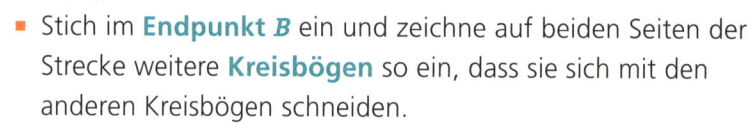

Eigenschaften der Winkelsymmetrale w_α des Winkels α:

- Strahl mit dem Anfangspunkt S (Scheitel des Winkels).
- Strahl, der den Winkel in zwei gleich große Teilwinkel zerlegt.
- Strahl, dessen Punkte alle gleich weit von den Schenkeln des Winkels entfernt sind.

TIPP

Konstruktion:

- Nimm eine beliebige Strecke in den Zirkel, stich **in S** ein und zeichne einen **Kreisbogen**, der die Schenkel schneidet.
- Stich in den Schnittpunkten mit den Schenkeln ein und mache **Kreisbögen** mit demselben Radius, die sich schneiden.
- Zeichne von S aus durch den Schnittpunkt der Kreisbögen eine Gerade – die **Winkelsymmetrale**.

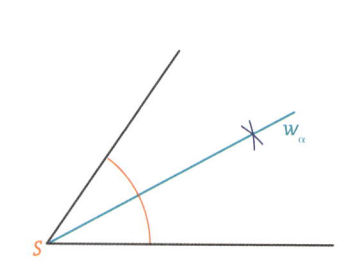

168 Zeichne die Strecke und konstruiere die Winkelsymmetrale.
- a) $a = 42$ mm
- b) $b = 7$ cm
- c) $\overline{AB} = 5{,}5$ cm
- d) $\overline{CD} = 7{,}3$ cm

169 Zeichne die Punkte in ein Koordinatensystem, verbinde sie und konstruiere die Streckensymmetrale. Gib die Koordinaten des Mittelpunkts M an.
- a) A(2|5), B(8|7)
- b) A(1|8), B(7|4)
- c) A(0|3), B(8|7)

170 Zeichne den Winkel und konstruiere die Winkelsymmetrale.
- a) α = 45°
- b) α = 70°
- c) α = 85°
- d) α = 110°

171 Teile die Strecke x mit Hilfe von Streckensymmetralen in vier gleich große Teilstrecken.
- a) $x = 7{,}5$ cm
- b) $x = 6$ cm 9 mm
- c) $x = 8{,}3$ cm
- d) $x = 9$ cm 3 mm

172 Teile den Winkel mit Hilfe von Winkelsymmetralen in vier gleich große Teilwinkel.
- a) α = 74°
- b) α = 82°
- c) α = 100°
- d) α = 133°

173 Konstruiere den Punkt F, der von A und B und den Schenkeln des Winkels gleich weit entfernt ist. Gib die Koordinaten von F an.

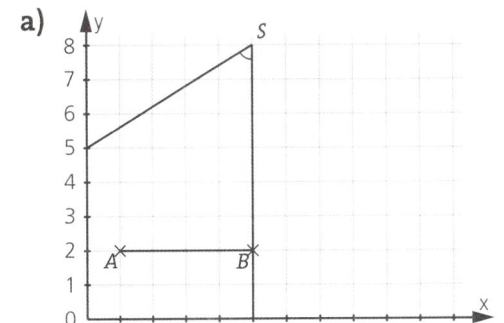

a) [Koordinatensystem mit Punkten A(2|2), B(5|2) und S(5|8)]

b) [Koordinatensystem mit Punkten A(1|4), B(6|3) und S(1|8)]

Online-Test
Finde heraus, ob du das Thema dieses Kapitels schon drauf hast. Einfach QR-Code scannen und los geht's!

Dreiecke

A Beschriftung / Einteilung / Winkelsumme

Beschriftung

- Die **Eckpunkte** werden mit Großbuchstaben gegen den Uhrzeigersinn beschriftet. Man schreibt: Dreieck *ABC*, Δ *ABC*
- Die **Seiten**, die den Eckpunkten gegenüberliegen, werden mit den entsprechenden Kleinbuchstaben bezeichnet, z. B. *a*, *b*, *c*.
- Die **Winkel** werden mit griechischen Buchstaben bezeichnet, z. B. Alpha α, Beta β, Gamma γ.

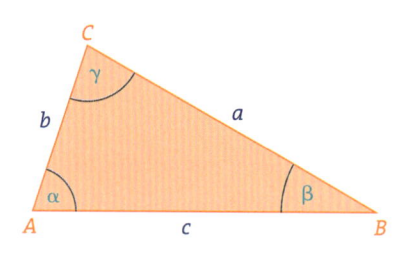

Einteilung der Dreiecke nach den Seitenlängen:	Einteilung der Dreiecke nach den Winkelarten:
- **ungleichseitiges** Dreieck: alle Seitenlängen sind unterschiedlich lang - **gleichschenkliges** Dreieck: zwei Seitenlängen sind gleich lang. Die gleich langen Seiten nennt man Schenkel, die dritte Seite Basis. - **gleichseitiges** Dreieck: alle drei Seiten sind gleich lang.	- **spitzwinkliges** Dreieck: Alle Winkel liegen zwischen 0° und 90°. - **stumpfwinkliges** Dreieck: Ein Winkel liegt zwischen 90° und 180°. - **rechtwinkliges** Dreieck: Ein Winkel hat 90°. Die Seiten, die den rechten Winkel bilden, heißen *Katheten*, die dritte Seite *Hypotenuse*.

Die Einteilungen können auch kombiniert werden:

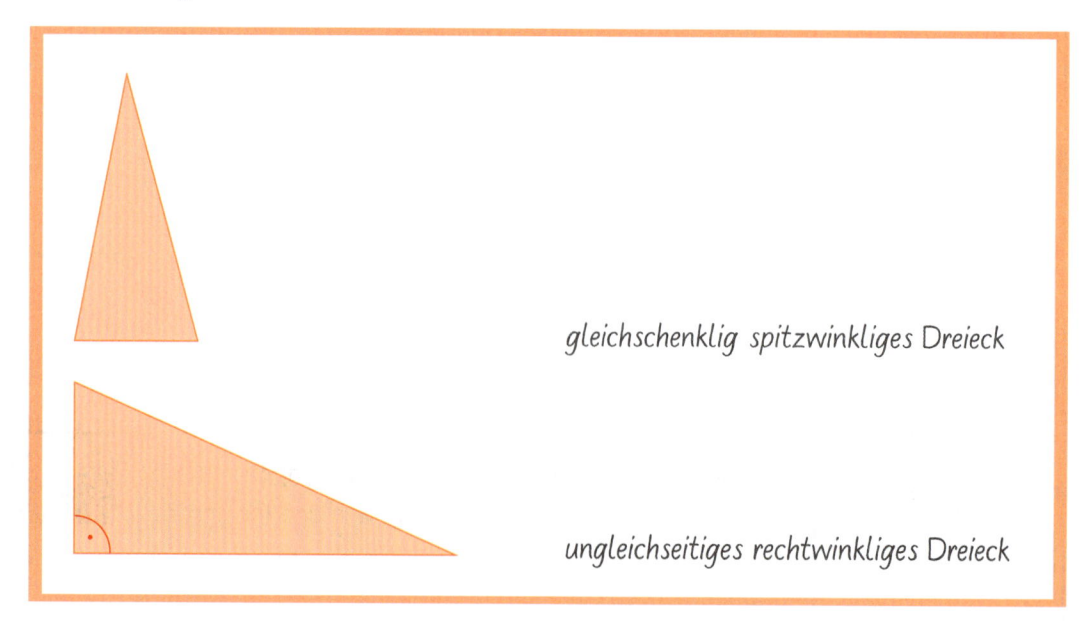

gleichschenklig spitzwinkliges Dreieck

ungleichseitiges rechtwinkliges Dreieck

Schneidet man ein Dreieck aus Papier aus, reißt die Ecken ab und legt sie aneinander, bilden die drei Winkel einen gestreckten Winkel.

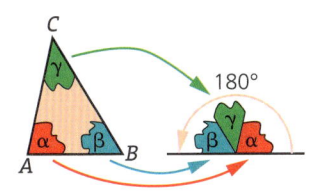

REGEL

Die (Innen-)Winkelsumme in jedem Dreieck ist 180°.
$\alpha + \beta + \gamma = 180°$

174 Ergänze die Beschriftung.
a)   b) 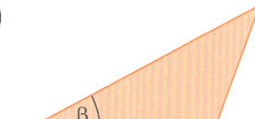   c)

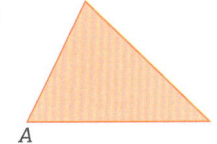

175 Benenne die Dreiecke nach den Seitenlängen und den Winkelarten.
a)   b) 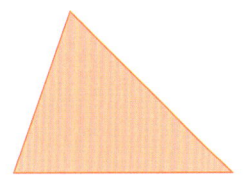
c)   d) 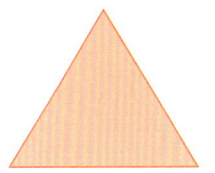
e) 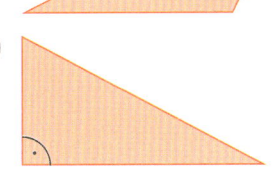   f)

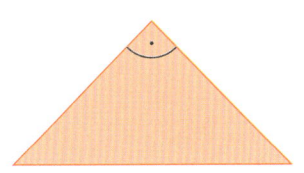

176 Berechne den fehlenden Winkel des Dreiecks.
a) $\alpha = ?$; $\beta = 123°$; $\gamma = 26°$
b) $\alpha = 90°$; $\beta = ?$; $\gamma = 76°$
c) $\alpha = 60°$; $\beta = 60°$; $\gamma = ?$

B Dreieckskonstruktionen / Kongruenzsätze

ACHTUNG: Um ein Dreieck konstruieren zu können, braucht man mindestens eine **Seitenlänge und zwei weitere Bestimmungsstücke**.

Die Angaben, die zur eindeutigen Konstruktion von Dreiecken benötigt werden, sind in den sogenannten **Kongruenzsätzen** (kongruent = deckungsgleich) festgehalten:

REGEL:

Seiten-Seiten-Seiten-Satz (SSS-Satz):

Ein Dreieck ist eindeutig konstruierbar, wenn man die drei Seitenlängen kennt.

Zwei Seitenlängen zusammen müssen aber immer länger sein als die dritte Seitenlänge (**Dreiecksungleichung**)!

Mit den Angaben $a = 5$ cm, $b = 7$ cm und $c = 8$ cm kann ein Dreieck konstruiert werden, da
$a + b > c$
$a + c > b$
$b + c > a$ gilt.

1. Mache eine beschriftete Skizze.
2. Zeichne die Seite c (du kannst aber auch mit jeder anderen Seite beginnen!).
3. Nimm die Länge a in den Zirkel, stich im Eckpunkt B ein und zeichne einen Kreisbogen.
4. Nimm die Länge b in den Zirkel, stich im Eckpunkt A ein und zeichne einen Kreisbogen. Der Schnittpunkt der Zirkelbögen ist der Eckpunkt C.
5. Verbinde A mit C und B mit C und beschrifte vollständig.

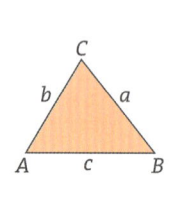

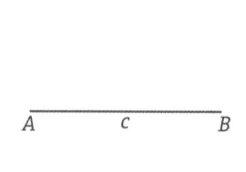

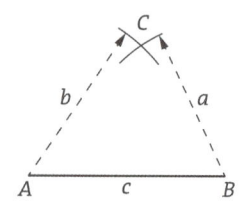

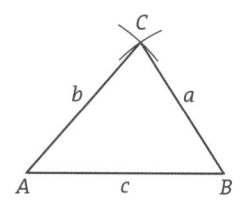

1.   2.   3. + 4.   5.

177 Ergänze den Text.

Ein Dreieck ist durch die Angabe von _____ Bestimmungsstücken eindeutig festgelegt. Mindestens ein Bestimmungsstück muss eine _____ sein. Der Seiten-Seiten-Seiten-Satz besagt, dass ein Dreieck eindeutig konstruierbar ist, wenn die drei _____ des Dreiecks gegeben sind. Vorausgesetzt wird jedoch, dass die _____ von zwei Seitenlängen immer größer als die dritte Seitenlänge ist. Dies wird als _____ bezeichnet.

178 Mit welchen Angaben kann kein Dreieck konstruiert werden? Verwende die Dreiecksungleichung. Kreuze an.

☐	☐	☐	☐
a = 4 cm	a = 6 cm	a = 9,5 cm	a = 4 cm
b = 6 cm	b = 8 cm	b = 5,7 cm	b = 4,5 cm
c = 8 cm	c = 15 cm	c = 2,5 cm	c = 6 cm

179 Konstruiere das Dreieck ABC und beschrifte es vollständig.

a) a = 5,4 cm, b = 6,4 cm, c = 6 cm
b) a = 6,4 cm, b = 5 cm, c = 4 cm
c) a = 54 mm, b = 94 mm, c = 60 mm
d) a = 94 mm, b = 58 mm, c = 50 mm

180 Von einem Dreieck ABC sind die Koordinaten von zwei Eckpunkten und zwei Seitenlängen gegeben. Konstruiere das Dreieck und gib die (ungefähren) Koordinaten des dritten Eckpunkts an.

a) $A(1|1)$, $B(7|1)$, a = 4,1 cm, b = 6,4 cm

b) $B(8|3)$, $C(2|8)$, b = 5,1 cm, c = 7 cm

c) $A(3|3)$, $C(3|8)$, a = 8,6 cm, c = 7 cm

181 Welches Dreieck kann nicht (eindeutig) konstruiert werden? Kreuze an! Finde eine Begründung!

☐	☐	☐	☐
α = 39°	a = 40 mm	a = 65 mm	α = 80°
β = 104°	b = 30 mm	b = 55 mm	β = 60°
γ = 37°	c = 80 mm	c = 30 mm	

Seiten-Winkel-Seiten-Satz (SWS-Satz):

REGEL: Ein Dreieck ist eindeutig konstruierbar, wenn man zwei Seitenlängen und den von diesen Seiten eingeschlossenen Winkel kennt.

Konstruktionsgang:

1. Mache eine beschriftete Skizze und markiere die gegebenen Größen.
2. Zeichne die eine gegebene Seite (z. B. die Seite c).
3. Zeichne den gegebenen Winkel ein (z. B. Winkel α).
4. Trage auf dem neuen Winkelschenkel die zweite gegebene Seitenlänge, z. B. die Seitenlänge der Seite b, ab. Du erhältst den dritten Eckpunkt (z. B. Eckpunkt C).
5. Verbinde zu einem Dreieck und beschrifte vollständig.

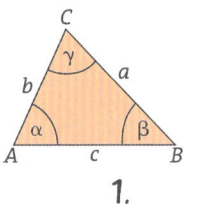

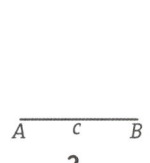

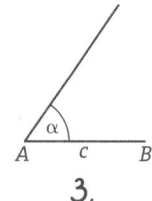

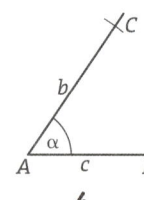

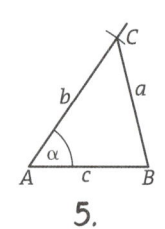

Winkel-Seiten-Winkel-Satz (WSW-Satz):

REGEL: Ein Dreieck ist eindeutig konstruierbar, wenn man eine Seitenlänge und die dieser Seite anliegenden Winkel kennt.

Konstruktionsgang:

1. Mache eine beschriftete Skizze und markiere die gegebenen Größen.
2. Zeichne die gegebene Seite (z. B. die Seite c).
3. Zeichne den ersten gegebenen Winkel (z. B. den Winkel α) ein.
4. Zeichne den zweiten gegebenen Winkel (z. B. den Winkel β) ein.
5. Der Schnittpunkt der Winkelschenkel ist der dritte Eckpunkt des Dreiecks (z. B. der Eckpunkt C). Vervollständige die Beschriftung.

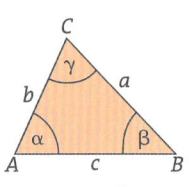

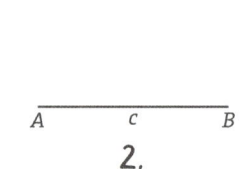

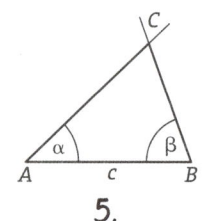

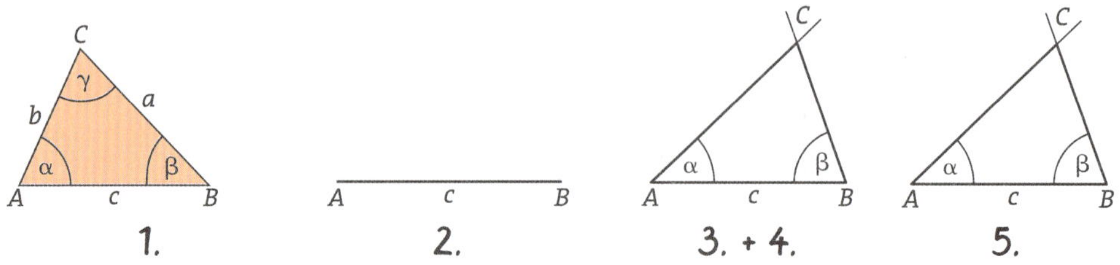

182 Konstruiere das Dreieck.

a) α = 63°, b = 4,5 cm, c = 9 cm

b) β = 104°, a = 4 cm, c = 6 cm

c) γ = 53°, a = b = 6,7 cm

d) α = 30°, b = 7,8 cm, c = 8,5 cm

183 Konstruiere das Dreieck im gegebenen Maßstab.

a) a = 85 m, b = 70 m, γ = 70°; Maßstab 1 : 1 000

b) a = 65 m, c = 84 m, β = 50°; Maßstab 1 : 1 000

c) a = 180 m, b = 140 m, γ = 60°; Maßstab 1 : 2 000

d) a = 126 m, c = 138 m, β = 65°; Maßstab 1 : 2 000

e) b = 5,4 km, c = 8 km, γ = 72°; Maßstab 1 : 100 000

184 Von einem rechtwinkligen Dreieck kennt man die Kathetenlängen. Konstruiere das Dreieck und gib die Länge der Hypotenuse an. (Hinweis: Jede Dreiecksseite kann die Hypotenuse sein)

a) a = 45 mm, b = 52 mm

b) a = 6,7 cm, b = 4,5 cm

c) a = b = 55 mm

d) b = 34 mm, c = 44 mm

e) a = 7,3 cm, c = 4,2 cm

f) a = b = 3,7 cm

185 Konstruiere das Dreieck.

a) c = 4,5 cm, α = 78°, β = 55°

b) b = 7 cm, α = 45°, γ = 56°

c) a = 7,8 cm, β = 40°, γ = 28°

d) c = 6 cm, α = 90°, β = 45°

186 Konstruiere das Dreieck. Berechne vorher den zweiten an die gegebene Seite anliegenden Winkel.

a) c = 8 cm, α = 59°, γ = 76°

b) a = 6,4 cm, α = 68°, β = 51°

c) b = 7,2 cm, β = 83°, γ = 67°

d) c = 4,5 cm, β = 49°, γ = 33°

187 Konstruiere das Dreieck. Welches besondere Dreieck entsteht?

a) c = 6 cm, α = 60°, β = 60°

b) b = 4 cm, α = 40°, γ = 50°

c) c = 6 cm, α = β = 70°

d) a = 3 cm, b = 4 cm, c = 5 cm

Dreiecke

REGEL

Seiten-Seiten-Winkel-Satz (SSW-Satz):

Ein Dreieck ist eindeutig konstruierbar, wenn man zwei Seitenlängen und den Winkel kennt, der der längeren Seite gegenüberliegt.

Konstruktionsgang:

1. Mache eine beschriftete Skizze und markiere die gegebenen Größen.
2. Zeichne die Seite, an der der gegebene Winkel anliegt (z. B. die Seite c).
3. Zeichne den Winkel ein (z. B. den Winkel β).
4. Nimm die Länge der anderen Seite (z. B. der Seite b) in den Zirkel und schlage die Länge von A aus am Winkelschenkel ab. Du erhältst den fehlenden Eckpunkt (z. B. den Eckpunkt C).
5. Verbinde die Punkte A und C und beschrifte das Dreieck vollständig.

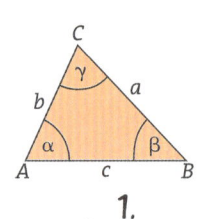

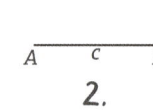

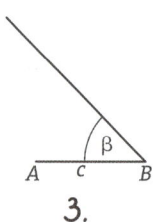

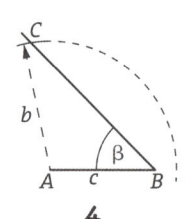

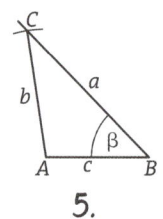

Ist der Winkel gegeben, der der kürzeren Seite gegenüberliegt, so ergeben sich zwei Lösungen für das Dreieck. Es ist nicht mehr eindeutig konstruierbar!

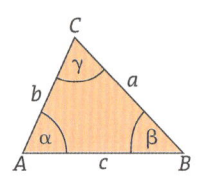

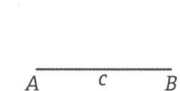

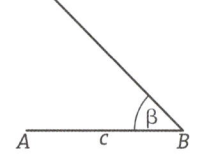

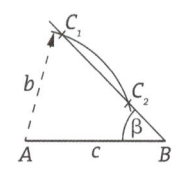

1. Lösung:

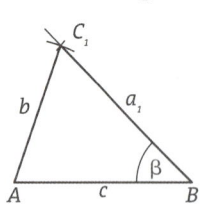

2. Lösung:

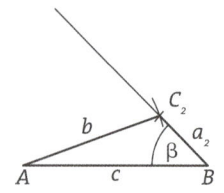

Es können Fälle eintreten, bei denen trotz Angabe von drei Bestimmungsstücken kein Dreieck konstruiert werden kann:
- Die Dreiecksungleichung ist nicht erfüllt.
- Die Winkelsumme der gegebenen Winkel ist größer als 180°.
- Zwei Seitenlängen und der der kürzeren Seite gegenüberliegende Winkel sind gegeben, der Winkel ist aber zu groß.

188 Kreuze die Angaben an, mit denen man das Dreieck eindeutig konstruieren kann.

☐	☐	☐	☐	☐
a = 6,4 cm	a = 5,9 cm	a = 6,6 cm	a = 7,3 cm	a = 8,2 cm
b = 5,2 cm	b = 7 cm	c = 10 cm	b = 4,9 cm	c = 4,9 cm
α = 70°	α = 40°	γ = 110°	α = 105°	γ = 35°

189 Konstruiere die eindeutig konstruierbaren Dreiecke aus Aufgabe 188.

190 Warum konnte in den folgenden Beispielen kein Dreieck konstruiert werden? Begründe deine Entscheidung.

a)

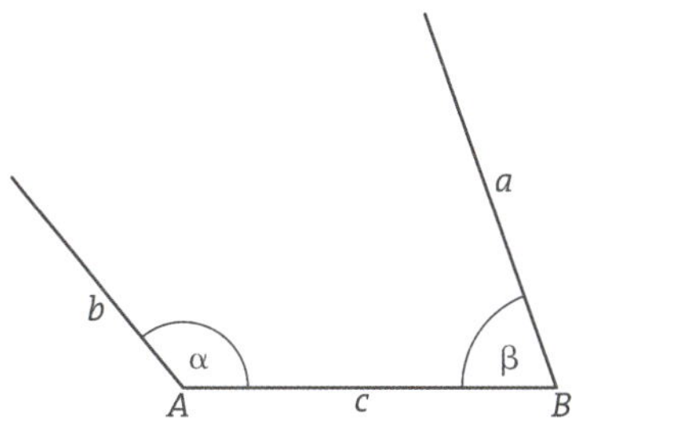

b)

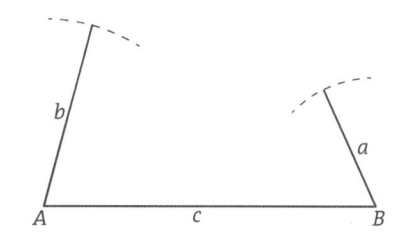

c)

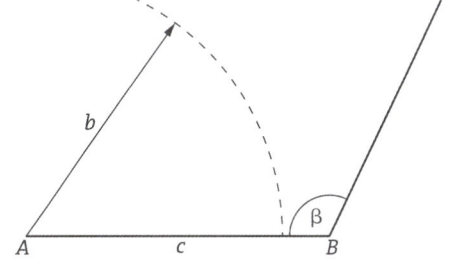

191 Von einem Dreieck kennt man: a = 5 cm, b = 6 cm und β = 30°. Konstruiere das Dreieck und ergänze den Text.

a) Nach dem _____-Satz lässt sich das Dreieck eindeutig konstruieren.

Die Länge der Seite c ≈ _____ cm.

b) Ändert man die Länge der Seite b auf z. B. _____ cm, ergeben sich zwei Lösungen.

c) Ändert man die Länge der Seite b auf z. B. _____ cm, lässt sich das Dreieck nicht konstruieren.

C Höhenschnittpunkt / Umkreismittelpunkt

- Der Normalabstand (der kürzeste Abstand) eines Eckpunkts eines Dreiecks zur gegenüberliegenden Seite bzw. ihrer Verlängerung wird als **Höhe** bezeichnet.
- Jedes Dreieck besitzt **drei Höhen**, die mit h_a, h_b, h_c bezeichnet werden.
- In einem **stumpfwinkligen Dreieck** liegen **zwei Höhen** immer **außerhalb des Dreiecks.**
- Die Seiten werden über den Eckpunkt, der der Scheitel des stumpfen Winkels ist, verlängert.

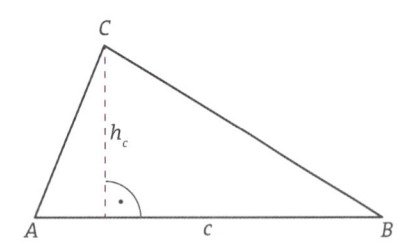

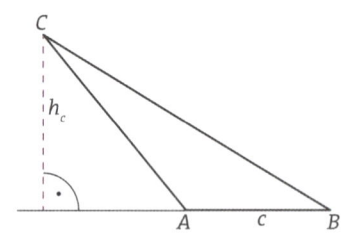

Höhenschnittpunkt	Umkreismittelpunkt

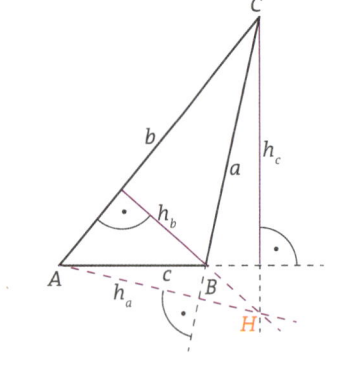

- Die drei Höhen bzw. deren Verlängerungen schneiden sich genau in einem Punkt, dem **Höhenschnittpunkt H**.

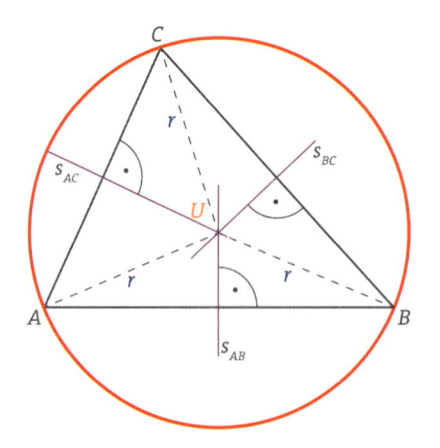

- Durch die Eckpunkte eines Dreiecks kann ein Kreis gezeichnet werden, der **Umkreis**.
- Konstruiert man zu jeder Seite eines Dreiecks die Streckensymmetrale (s_{AB}, s_{BC}, s_{AC}), schneiden sich diese in genau einem Punkt, dem **Umkreismittelpunkt U**.
- Die Strecke $\overline{UA} = \overline{UB} = \overline{UC}$ ist der **Umkreisradius r**.

192 Ergänze den Text.

Als _____ bezeichnet man in einem Dreieck den kürzesten Abstand eines Eckpunkts zur gegenüberliegenden Seite bzw. ihrer Verlängerung. Jedes Dreieck besitzt _____ Höhen, die sich in einem Punkt, dem _____ schneiden. In einem _____ Dreieck liegt der Höhenschnittpunkt außerhalb des Dreiecks. Durch die _____ eines Dreiecks verläuft ein Kreis, der sogenannte _____. Der Umkreismittelpunkt ist der Schnittpunkt der _____ des Dreiecks. Der Umkreismittelpunkt ist von jedem Eckpunkt des Dreiecks _____ weit entfernt. Der Abstand vom Umkreismittelpunkt zu den Eckpunkten A, B und C ist der _____.

193 Zeichne das Dreieck und konstruiere den Höhenschnittpunkt. Gib die Längen der Höhen an.

a) $a = 7{,}6$ cm; $b = 9{,}2$ cm; $c = 9$ cm

b) $a = 6{,}4$ cm; $b = 5{,}1$ cm; $\gamma = 50°$

c) $b = 57$ mm; $c = 6$ cm; $\alpha = 45°$

194 Wie lauten die Koordinaten des Höhenschnittpunkts?

a) A(0|8), B(2|0), C(4|4)

b) A(1|8), B(2|6), C(7|6)

c) A(3|6), B(1|1), C(7|6)

195 Zeichne das Dreieck und konstruiere den Umkreismittelpunkt. Gib die Länge des Umkreisradius an.

a) $c = 8{,}1$ cm; $\alpha = 60°$; $\beta = 57°$

b) $a = 9{,}9$ cm; $c = 9$ cm; $\beta = 45°$

c) $a = 8{,}6$ cm; $b = 5{,}8$ cm; $\alpha = 59°$

196 Zeichne das Dreieck und konstruiere den Umkreismittelpunkt U. Was fällt dir bezüglich der Art des Dreiecks und der Lage von U auf?

a) $a = 41$ mm; $b = 67$ mm; $\gamma = 103°$ b) $a = 4{,}5$ cm; $b = 8{,}6$ cm; $c = 5{,}1$ cm

D Inkreismittelpunkt / Schwerpunkt / Eulersche Gerade

Inkreismittelpunkt I

- Jedes Dreieck besitzt einen Kreis, der die Seiten des Dreiecks von innen berührt – den **Inkreis**.
- Die **Winkelsymmetralen** des Dreiecks schneiden sich in einem Punkt – dem **Inkreismittelpunkt I**.
- Der Inkreismittelpunkt hat von allen Dreiecksseiten densselben **Normalabstand**, der als **Inkreisradius** ρ (Rho) bezeichnet wird.

Schwerpunkt S

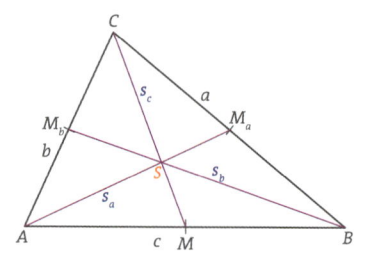

- Die Verbindungsstrecke zwischen einem Eckpunkt und dem Mittelpunkt der Seite, die dem Eckpunkt gegenüberliegt, wird als Schwerlinie bezeichnet.
- Die drei **Schwerlinien** s_a, s_b, s_c schneiden sich in einem Punkt – dem **Schwerpunkt S**.
- Die **Mittelpunkte** M_a, M_b, M_c der Dreiecksseiten, kann man durch Abmessen oder durch Konstruktion der Streckensymmetralen – diese verlaufen ja jeweils durch den Mittelpunkt der Seiten – bestimmen.

REGEL

Der **Höhenschnittpunkt H**, der **Umkreismittelpunkt U** und der **Schwerpunkt S** liegen auf einer gemeinsamen Geraden **e** – der **Eulerschen Geraden**.

Die Gerade wurde nach dem Schweizer Mathematiker Leonhard Euler (1707–1783) bezeichnet.

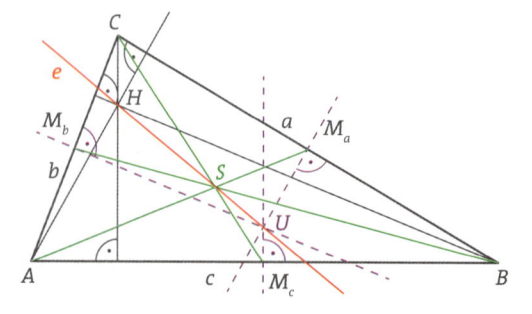

Der **Inkreismittelpunkt I** kann, muss aber nicht auf dieser Geraden liegen.

197 Konstruiere den Inkreismittelpunkt und gib seine Koordinaten an.

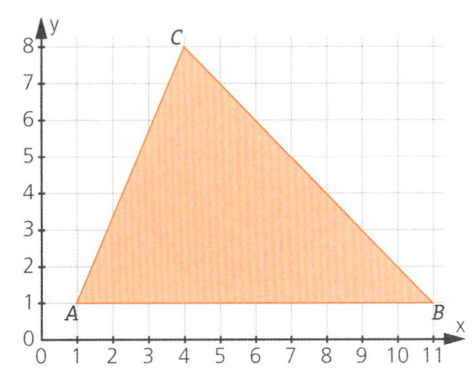

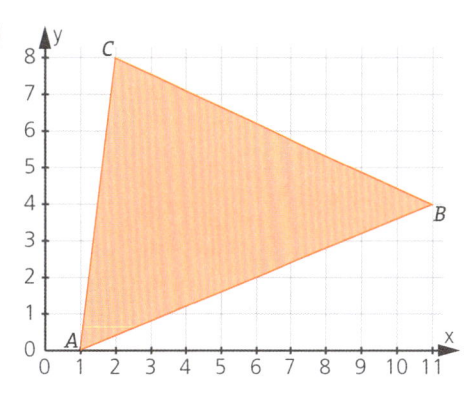

a)

b)

198 Zeichne das Dreieck und konstruiere den Inkreismittelpunkt. Gib den Inkreisradius an.
a) $a = 5{,}1$ cm; $\beta = 79°$; $\gamma = 62°$
b) $a = 11{,}2$ cm; $b = 5{,}4$ cm; $\gamma = 42°$
c) $a = 9{,}2$ cm; $b = 6{,}3$ cm; $c = 8{,}1$ cm

199 Zeichne das Dreieck und konstruiere den Schwerpunkt S. Miss auf jeder Schwerlinie die Länge der Strecke von S zum Eckpunkt und von S zum Seitenmittelpunkt. Zeige, dass die längere Strecke (ungefähr) das Doppelte der kürzeren Strecke ist.
a) A(1|1), B(8|1), C(6|7)
b) A(1|1), B(10|0), C(7|8)

200 Zeichne das Dreieck und konstruiere den Schwerpunkt S und den Höhenschnittpunkt H. Gib die Koordinaten von S und H an.
a) A(0|1), B(10|0), C(9|8)
b) A(1|1), B(11|3), C(1|9)

201 Zeichne das Dreieck und konstruiere den Höhenschnittpunkt H, den Schwerpunkt S und den Umkreismittelpunkt U. Zeichne die Eulersche Gerade ein.
a) A(1|1), B(11|1), C(3|7)
b) A(1|0), B(11|3), C(2|6)
c) $a = 10{,}3$ cm; $b = 7{,}3$ cm; $c = 11{,}2$ cm
d) $b = 8{,}1$ cm; $c = 10$ cm; $\alpha = 83°$

202 Zeichne ein beliebiges rechtwinkliges Dreieck und konstruiere den Höhenschnittpunkt H, den Umkreismittelpunkt U und den Schwerpunkt S. An welchen besonderen Stellen befinden sich U und H? Zeichne die Eulersche Gerade ein.

E Besondere Dreiecke / Satz von Thales

Gleichseitiges Dreieck:

- Die **drei Seiten** sind **gleich lang**.
- Das Dreieck hat **drei Symmetrieachsen**, daher sind die **drei Winkel gleich groß**.
- **Jeder Winkel** misst **60°**.

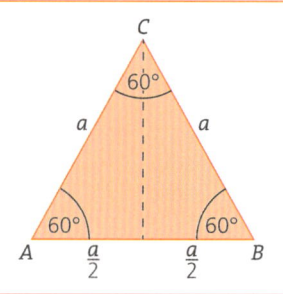

Gleichschenkliges Dreieck:

- **Zwei Seiten** sind **gleich lang**. Diese Seiten werden **Schenkel** genannt.
- Die **dritte Seite** wird als **Basis** bezeichnet.
- Das Dreieck hat **eine Symmetrieachse**.
- Die an der *Basis* anliegenden Winkel (die **Basiswinkel**) sind **gleich groß**.

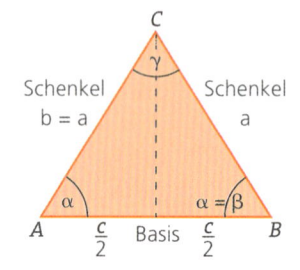

Rechtwinkliges Dreieck:

- Das Dreieck hat **einen rechten Winkel**.
- Die Seiten, die **den rechten Winkel bilden**, **heißen Katheten**.
- Die längste Seite des Dreiecks liegt **gegenüber dem rechten Winkel** und heißt **Hypotenuse**.

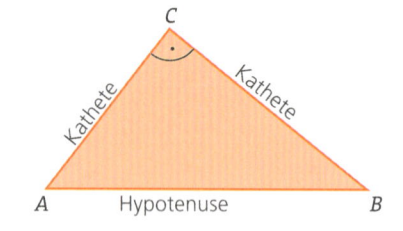

Zeichne eine Strecke $\overline{AB}$ = 60 mm und darüber einen Halbkreis. Der Radius des Halbkreises ist _____ mm.

Nimm vier beliebige Punkte C_1, C_2, C_3 und C_4 auf der Kreislinie an und verbinde sie jeweils mit A und B. Die Winkel mit den Scheiteln C_1, C_2, C_3 und C_4 haben jeweils _____ °.

REGEL

Satz von Thales:
In einem Halbkreis ist jeder (Rand-)Winkel ein **rechter Winkel**.

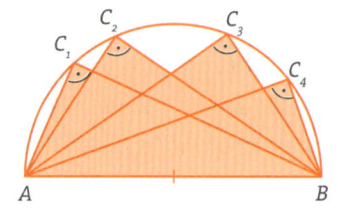

203 Konstruiere das gleichseitige Dreieck und berechne den Umfang.
a) $a = 34$ cm
b) $a = 5{,}5$ cm
c) $a = 60$ mm
d) $a = 6{,}2$ cm

204 Zeichne ein beliebiges gleichseitiges Dreieck und konstruiere den Höhenschnittpunkt H, den Umkreismittelpunkt U, den Schwerpunkt S und den Inkreismittelpunkt I.
Was fällt dir auf?

205 Zeichne das gleichseitige Dreieck, von dem man zwei Eckpunkte kennt, in ein Koordinatensystem. Die Beschriftung der Eckpunkte erfolgt gegen den Uhrzeigersinn. Gib die Koordinaten des fehlenden Eckpunkts an.
a) $A(1|1)$, $B(7|1)$
b) $B(8|0)$, $C(7{,}6|6{,}7)$
c) $A(3|1)$, $C(3{,}4|7{,}7)$

206 Konstruiere das gleichschenklige Dreieck ($a = b$) und gib die Längen der nicht gegebenen Seiten an.
a) $c = 5$ cm, $\alpha = 69°$
b) $a = 50$ mm, $c = 40$ mm
c) $a = 8{,}1$ cm, $\beta = 64°$

207 Konstruiere das gleichschenklige Dreieck und zeichne die Symmetrieachse ein.
a) $a = b = 7{,}2$ cm, $c = 5$ cm
b) $a = 7$ cm, $b = c = 8{,}6$ cm
c) $a = c = 6{,}4$ cm, $b = 5$ cm

208 Zeichne das rechtwinklige Dreieck mit den Katheten a und b. Gib die Länge der Hypotenuse c an sowie das Maß der beiden spitzen Winkel.
a) $a = 30$ mm; $b = 40$ mm
b) $a = 24$ mm; $b = 45$ mm
c) $a = 42$ mm; $b = 56$ mm

209 Zeichne unter Verwendung des Satzes von Thales das rechtwinklige Dreieck mit den Katheten a und b und der Hypotenuse c. (Hinweis: Zeichne einen Halbkreis mit dem Durchmesser c und schlage die gegebene Kathetenlänge ab.)
a) $a = 55$ mm; $c = 73$ mm
b) $b = 33$ mm; $c = 55$ mm
c) $a = 32$ mm; $c = 68$ mm

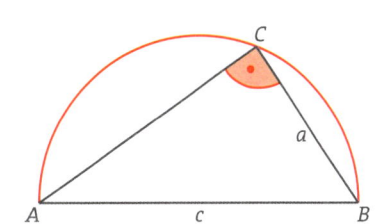

F Flächeninhalt des rechtwinkligen Dreiecks

Wird ein Rechteck entlang der Diagonale in zwei Teile geteilt, entstehen zwei kongruente (= deckungsgleiche) rechtwinklige Dreiecke.

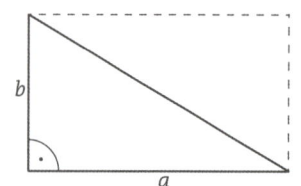

REGEL

Flächeninhalt des rechtwinkligen Dreiecks
Er berechnet sich aus der Hälfte des Produkts der beiden Kathetenlängen:

$$A = (a \cdot b) : 2 = \frac{a \cdot b}{2}$$

Kennt man von einem rechtwinkligen Dreieck den Flächeninhalt und die Länge einer Kathete, kann man durch Anwenden der entgegengesetzten Rechenarten die fehlende Kathete berechnen.

a) $A = 276$ cm²; $a = 23$ cm $b = ?$

   $b = (A \cdot 2) : a = (_____ \cdot 2) : _____ =$

   $= _____ : _____ = _____$ cm

b) $A = 203$ cm²; $b = 14$ cm $a = ?$

   $a = (A \cdot 2) : b = (_____ \cdot 2) : _____ =$

   $= _____ : _____ = _____$ cm

TIPP

gesuchte Kathetenlänge = doppelter Flächeninhalt dividiert durch die gegebene Kathetenlänge

210 Schreibe die Formel für den Flächeninhalt des rechtwinkligen Dreiecks an.

a) A = _____

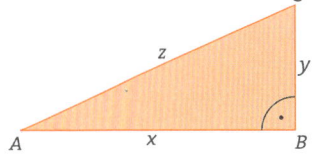

b) A = _____

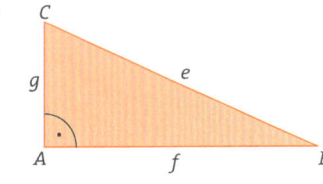

c) A = _____

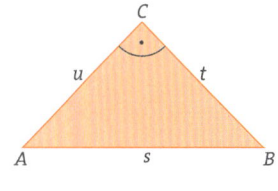

211 Berechne den Flächeninhalt des rechtwinkligen Dreiecks.

a) _____

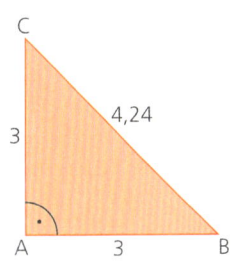

b) _____

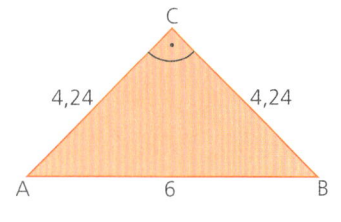

c) _____

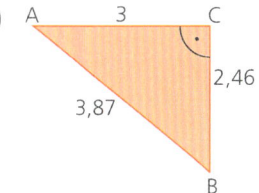

212 Berechne die Länge der fehlenden Kathete.

	a)	b)	c)	d)
Flächeninhalt	55,18 m²	36,27 dm²	216 cm²	149,1 cm²
Kathete a	8,9 m		12 cm	
Kathete b		9,3 dm		21 cm

213 Zerlege das Dreieck in zwei rechtwinklige Dreiecke und berechne den Flächeninhalt des Dreiecks ABC (Maße in m).

a)

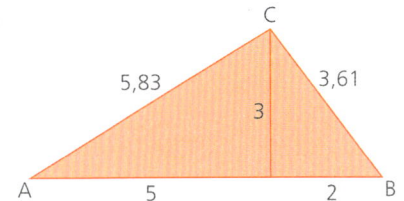

b)

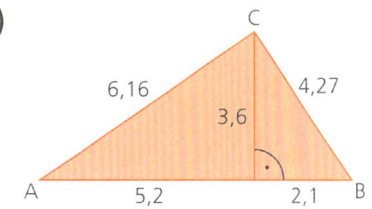

Online-Test
Finde heraus, ob du das Thema dieses Kapitels schon drauf hast. Einfach QR-Code scannen und los geht's!

Vierecke und Vielecke

A Bezeichnung, Winkelsumme, Bestimmungsstücke und Arten von Vierecken

- Wird eine ebene Figur durch vier Seiten begrenzt und hat vier Ecken, heißt sie **Viereck**.
- Die Eckpunkte werden gegen den Uhrzeigersinn mit Großbuchstaben bezeichnet.
- Bezeichnung der Seiten: $AB = a$, $BC = b$, $CD = c$, $AD = d$
- Die (Innen-)Winkel werden in den Eckpunkten mit den entsprechenden griechischen Buchstaben ($α$, $β$, $γ$, $δ$) beschriftet.
- Die Strecken $AC = e$ und $BD = f$ heißen **Diagonalen**.
- Jedes Viereck lässt sich in zwei Dreiecke zerlegen. In jedem Dreieck ist Summe der (Innen-)Winkel 180°

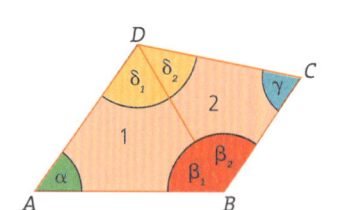

Dreieck 1: $α + β_1 + δ_1 = 180°$

Dreieck 2: $β_2 + γ + δ_2 = 180°$

REGEL

In Jedem **Viereck** gilt für die **Summe der (Innen-)Winkel**:
$$α + β + γ + δ = 360°$$

Ein Viereck setzt sich aus zwei Dreiecken zusammen.
Zum Zeichnen eines Teildreiecks sind drei Bestimmungsstücke (mindestens eine Seitenlänge) nötig.
Zum Zeichnen des zweiten Teildreiecks sind nur noch zwei weitere Bestimmungsstücke nötig, da die Dreiecke eine (Viereck-)Diagonale gemeinsam haben.

ACHTUNG

Zur **Konstruktion** eines Vierecks braucht man daher **5 Bestimmungsstücke**.

214 Beschrifte die Vierecke vollständig.

a)

b)

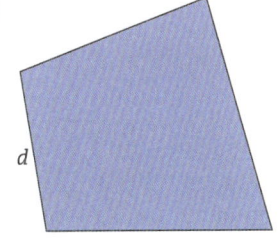

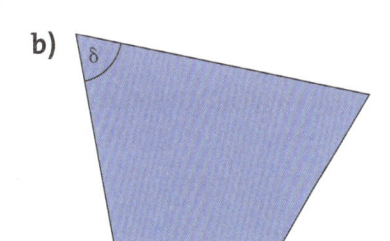

215 Berechne den fehlenden Winkel im Viereck.

a) α = 45°; β = 60°; γ = 120°   δ = _____
b) α = 132°; β = 85°; δ = 70°   γ = _____
c) α = 90°; β = 82°; γ = 69°   δ = _____

216 Ordne der Beschreibung das richtige Viereck zu. Mehrfachnennungen sind möglich.

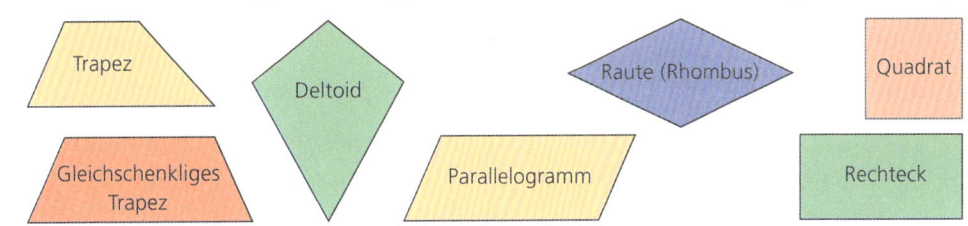

Trapez, Deltoid, Raute (Rhombus), Quadrat, Gleichschenkliges Trapez, Parallelogramm, Rechteck

a) Viereck mit zwei parallelen Seitenpaaren.
b) Viereck mit vier gleich langen Seiten.
c) Viereck mit vier rechten Winkeln.
d) Viereck, bei dem zwei Seiten parallel und die Schenkel gleich lang sind.
e) Viereck mit zwei Paar gleich langen Seiten. Die Schnittpunkte der gleich langen Seiten liegen jeweils auf einer Symmetrieachse.

217 Welche Aussage ist richtig und welche falsch? Kreuze an und finde das Lösungswort.

	richtig	falsch
Jedes Rechteck ist ein Viereck.	☐ S	☐ E
Jedes Viereck ist ein Quadrat.	☐ R	☐ A
Jedes Rechteck ist ein Quadrat.	☐ T	☐ F
Jedes Quadrat ist ein Rechteck.	☐ A	☐ U
Jedes Parallelogramm ist eine Raute.	☐ O	☐ R
Jedes Trapez ist ein Viereck.	☐ I	☐ M

Lösungswort: _____

B Parallelogramm / Rechteck

Parallelogramm

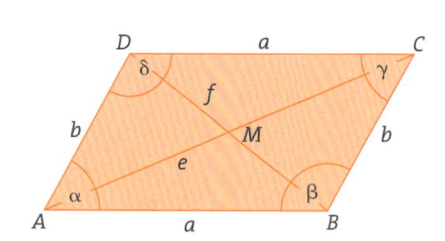

- Ein **Viereck**, in dem die **gegenüberliegenden Seiten parallel zueinander** sind, heißt **Parallelogramm**.

Eigenschaften des Parallelogramms

- Gegenüberliegende Seiten sind gleich lang.
- Gegenüberliegende Winkel sind gleich groß.
- Benachbarte Winkel ergänzen sich auf 180° (d. h. sind supplementär).
- Die Diagonalen halbieren einander.
- Der Normalabstand der parallelen Seiten wird als **Höhe** bezeichnet.
- Jedes Parallelogramm besitzt zwei verschiedene Höhen: h_a und h_b.

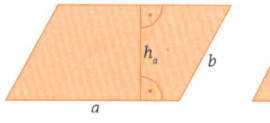

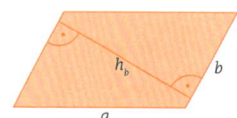

Rechteck

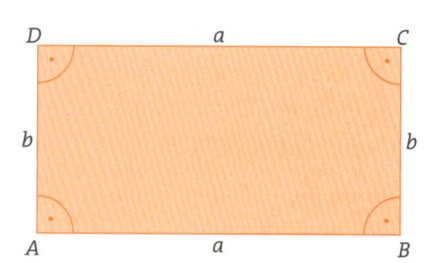

- Ein Parallelogramm, in dem alle **vier Winkel rechte Winkel** sind, heißt **Rechteck**.

Im **Rechteck** gilt außerdem:
- Die Diagonalen sind gleich lang.
- Es gibt zwei Symmetrieachsen.
- Der Schnittpunkt M der Diagonalen ist der Umkreismittelpunkt.

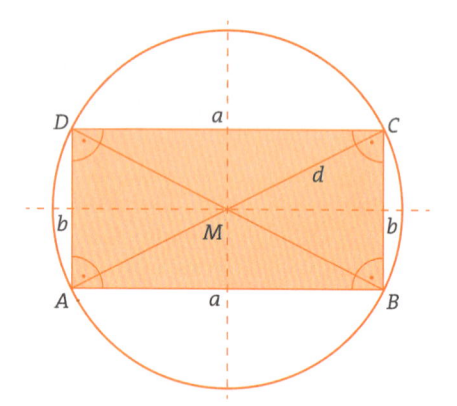

218 Ist das Viereck ein Parallelogramm? Begründe deine Entscheidung.

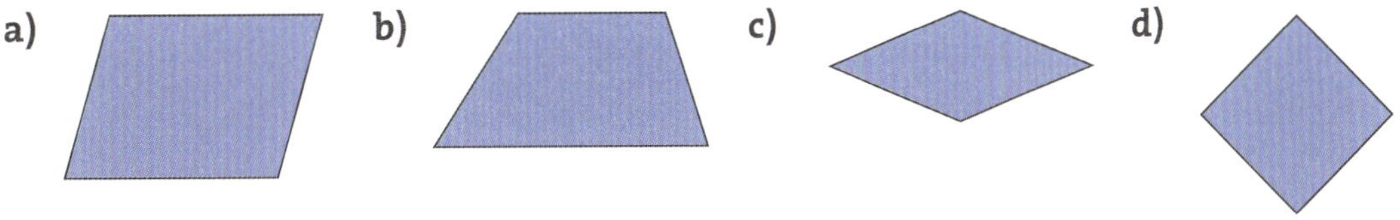

a)   b)   c)   d)

Viereck	ja	nein	Begründung
a)			
b)			
c)			
d)			

219 Zeichne das Viereck in ein Koordinatensystem und beschrifte es vollständig. Um welches spezielle Viereck handelt es sich?

a) A(1|2), B(6|2), C(9|6), D(4|6)
b) A(2|0), B(5|0), C(5|8), D(2|8)
c) A(0|2), B(5|0), C(9|5), D(4|7)
d) A(1|5), B(5|1), C(10|6), D(6|10)

220 Konstruiere das Rechteck, zeichne den Umkreis und gib den Umkreisradius an.

a) $a = 8$ cm; $b = 3$ cm
b) $a = 9$ cm; $b = 2,5$ cm
c) $a = 5,5$ cm; $b = 4,2$ cm
d) $a = 8,5$ cm; $b = 4,3$ cm

221 Konstruiere das Parallelogramm, gib die Längen der Höhen h_a und h_b an und bestimme den Umfang.

$a = 8$ cm; $b = 3,2$ cm; $\alpha = 108°$
Konstruktion:

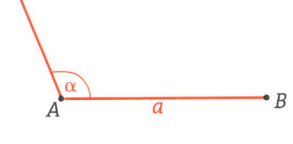

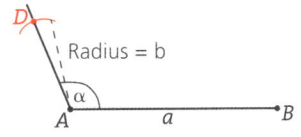

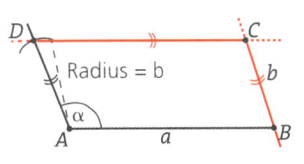

Konstruiere a und den Winkel.
Schlage b von A aus ab.
Verschiebe a und b parallel.

Die Höhen in der Zeichnung abmessen: $h_a \approx 3$ cm; $h_b \approx 7,6$ cm
Umfang $u = 2 \cdot (a + b) = 2 \cdot (8 + 3,2) = 2 \cdot 11,2 = 22,4$ cm

a) $a = 5$ cm; $b = 3,6$ cm; $\alpha = 56°$
b) $a = 7$ cm; $b = 4,1$ cm; $\beta = 68°$
c) $a = 8$ cm; $b = 5,4$ cm; $\alpha = 110°$
d) $a = 6$ cm; $b = 3$ cm; $\beta = 100°$

C Flächeninhalt des Parallelogramms

Ein **Parallelogramm** kann in ein **flächengleiches Rechteck** mit den Seitenlängen a und h_a umgewandelt werden:

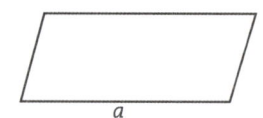

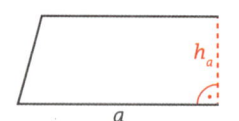

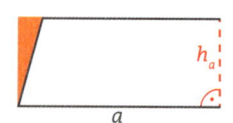

Gleiche Vorgehensweise für b und h_b.

REGEL

Flächeninhalt des Parallelogramms:
$$A = a \cdot h_a = b \cdot h_b$$

222 Miss die notwendigen Längen ab und berechne den Flächeninhalt. Eine Längeneinheit entspricht 1 cm.

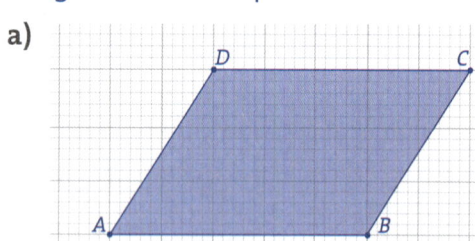

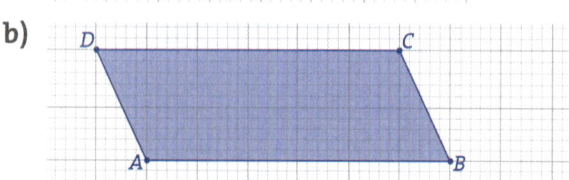

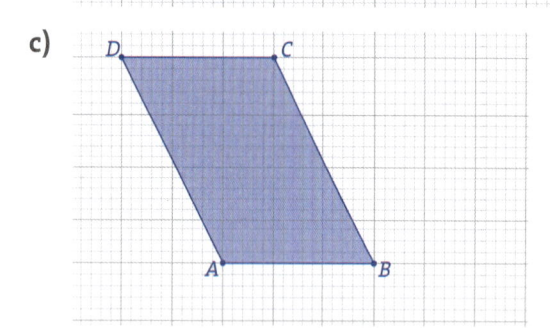

a)

b)

c)

223 Konstruiere das Parallelogramm und berechne den Flächeninhalt.
a) $a = 3$ cm; $b = 4{,}2$ cm; $\beta = 45°$
b) $a = 4$ cm; $b = 5{,}1$ cm; $\alpha = 80°$
c) $a = 4$ cm; $b = 5$ cm; $\beta = 143°$
d) $a = 6$ cm; $b = 5{,}4$ cm; $\alpha = 112°$

D Raute / Quadrat

Raute	Quadrat

Raute

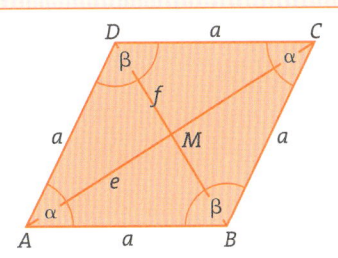

- Ein Viereck mit **vier gleich langen Seiten** heißt **Raute** (**Rhombus**). Der Normalabstand h zwischen zwei parallelen Seiten wird als **Höhe** bezeichnet.

Eigenschaften der Raute
- Alle vier Seiten sind gleich lang.
- Die Raute ist ein Parallelogramm.
- Die Diagonalen sind die Winkelsymmetralen und die Symmetrieachsen.
- Die Diagonalen bilden einen rechten Winkel.
- Jede Raute hat einen Inkreis.
- Der Schnittpunkt M der Diagonalen ist der Inkreismittelpunkt.

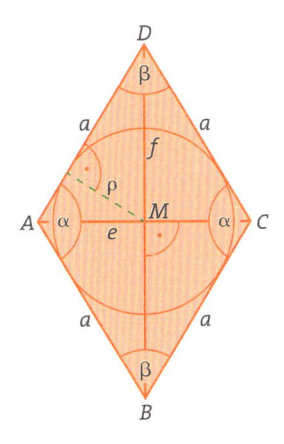

Quadrat

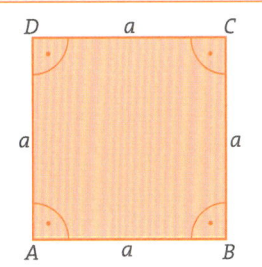

- Ein Viereck mit **vier gleich langen Seiten** und **vier rechten Winkeln** heißt **Quadrat**.

Im **Quadrat** gilt außerdem:
- Die Diagonalen sind gleich lang
- Es gibt einen Umkreis, dessen Mittelpunkt auch M ist und für den gilt: $r = \frac{d}{2}$.
- Es gibt vier Symmetrieachsen.
- Für den Inkreisradius gilt: $\rho = \frac{a}{2}$.

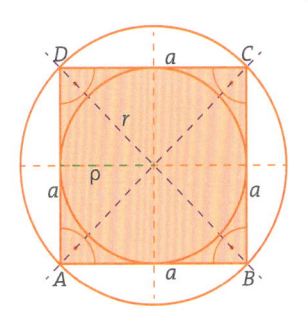

Die Raute ist also ein „schiefes Quadrat" – ganz einfach!

7 Vierecke und Vielecke

224 Zeichne die Raute mit den Eckpunkten A, B, C und D in ein Koordinatensystem und miss die Längen der Seite a und der Diagonalen e und f.

a) A(2|2), B(6|1), C(5|5), D(1|6)   a = _____, e = _____, f = _____

b) A(1|1), B(7|0), C(6|6), D(0|7)   a = _____, e = _____, f = _____

c) A(0|0), B(5|2), C(7|7), D(2|5)   a = _____, e = _____, f = _____

225 Konstruiere den Inkreis der Raute.

a)

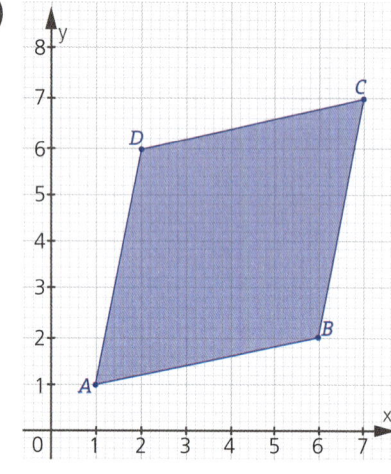

b)

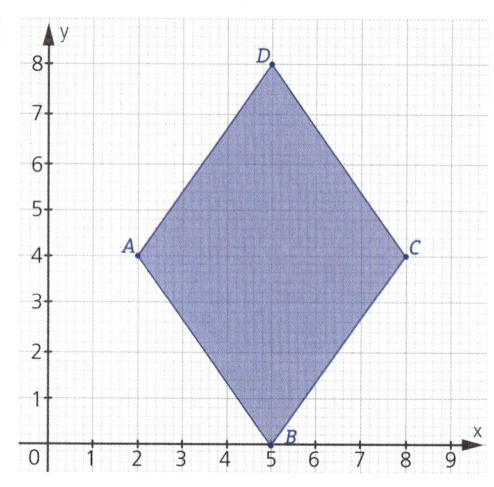

226 Konstruiere die Raute, zeichne den Inkreis ein und gib die Länge des Inkreisradius ρ an.

a) a = 65 mm, α = 70°
b) a = 31 mm, α = 110°
c) a = 50 mm, α = 35°
d) a = 57 mm, α = 63°

227 Konstruiere die Raute und gib die Länge der Seite a an.

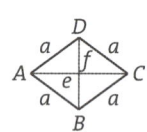

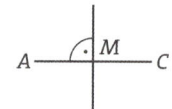

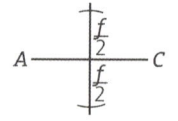

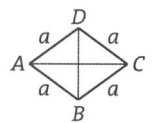

> e = 4 cm, f = 8 cm
> Konstruktion:
>
> Die Länge der Seite a in der Zeichnung abmessen: a ≈ 4,5 cm

a) e = 10 cm, f = 8 cm   b) e = 12 cm, f = 7 cm   c) e = 8,2 cm, f = 5 cm

228 Konstruiere das Quadrat, zeichne den In- und den Umkreis ein und gib die Längen des Inkreisradius ρ und des Umkreisradius r an.

a) a = 46 mm   b) a = 5,3 cm   c) a = 34 mm   d) a = 6,2 cm

E Flächeninhalt der Raute

Jede **Raute** ist ein **Parallelogramm**. Daher kann jede **Raute** in ein **flächengleiches Rechteck** mit den Seitenlängen a und h umgewandelt werden:

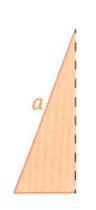

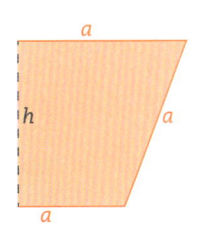

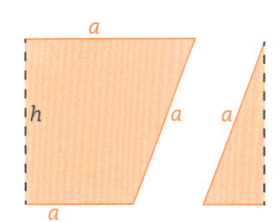

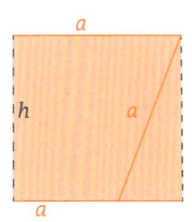

REGEL

Flächeninhalt der Raute:

$$A = a \cdot h$$

229 Miss die notwendigen Längen ab und berechne den Flächeninhalt. Eine Längeneinheit entspricht 1 cm bzw. 50 cm.

a)

b)

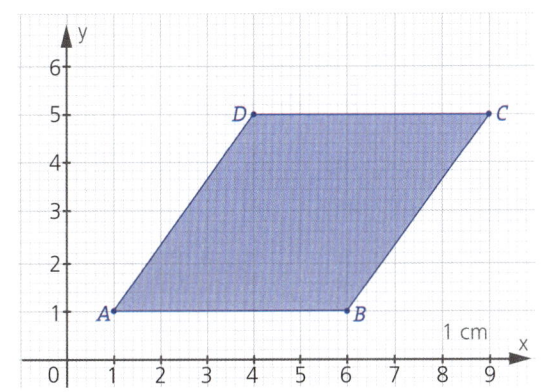

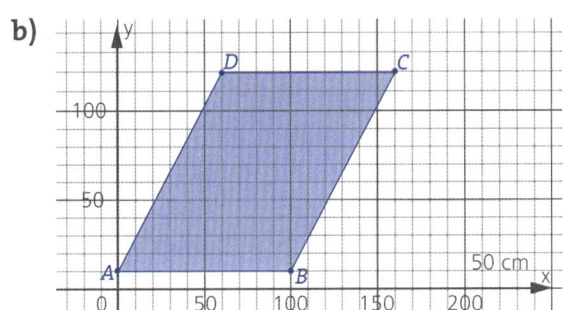

230 Konstruiere die Raute und berechne den Flächeninhalt.

a) $a = 5$ cm, $\alpha = 106°$
b) $a = 4{,}5$ cm, $\beta = 53°$
c) $a = 6{,}4$ cm, $\alpha = 77°$
d) $a = 3{,}6$ cm, $\beta = 113°$

F Trapez

Trapez

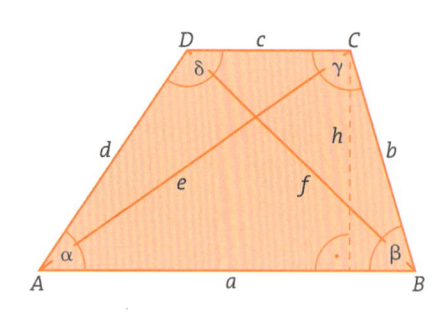

- Ein Viereck mit zumindest **zwei parallelen Seiten**, die **nicht gleich lang** sein müssen, heißt **Trapez**.
- Die zwei parallelen Seiten heißen **Grundseiten**, die anderen beiden Seiten **Schenkel**.
- Der **Normalabstand** zwischen den Grundseiten wird als **Höhe h** bezeichnet
- Benachbarte Winkel, die an den Grundseiten und einem Schenkel anliegen, ergänzen sich auf 180° (d. h. sind supplementär): $\alpha + \delta = 180°$, $\beta + \gamma = 180°$

gleichschenkeliges Trapez

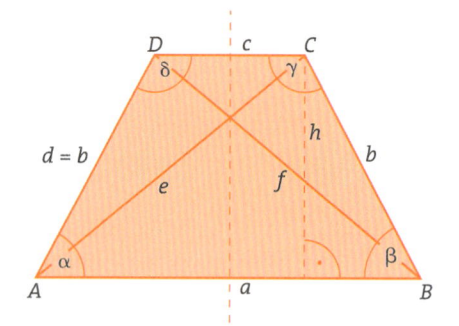

- Sind die Schenkel gleich lang, spricht man von einem **gleichschenkligen Trapez**.
- Ein gleichschenkliges Trapez hat eine Symmetrieachse.
- Die Diagonalen sind gleich lang ($e = f$).
- Symmetrisch liegende Winkel sind gleich groß: $\alpha = \beta$, $\gamma = \delta$
- Jedes gleichschenklige Trapez hat einen **Umkreis**. Der Umkreismittelpunkt U ist der Schnittpunkt der Seitensymmetralen.

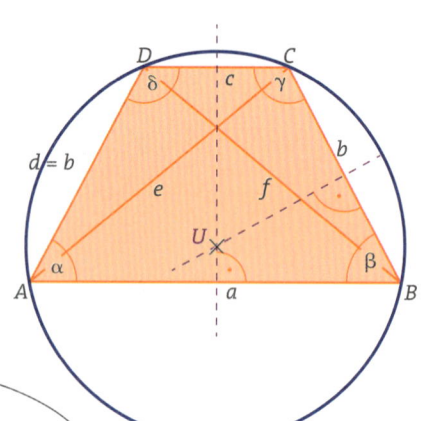

Es geht nichts über eine gute Nachbarschaft. Sie ergänzt sich perfekt. Im Fall der Winkel auf 180°!

231 Konstruiere und beschrifte das Trapez im gegebenen Koordinatensystem.
Gib die Länge der Höhe h an.

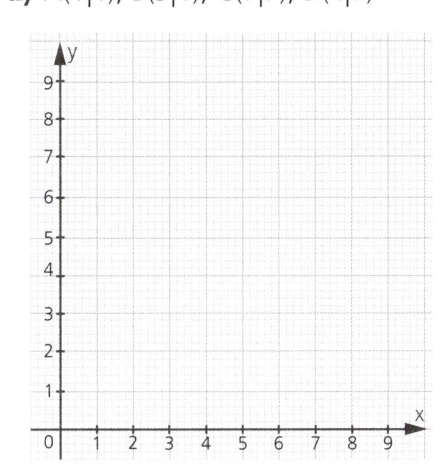

a) A(1|1), B(9|1), C(7|7), D(4|7)

b) A(3|1), B(6|1), C(7|8), D(0|8)

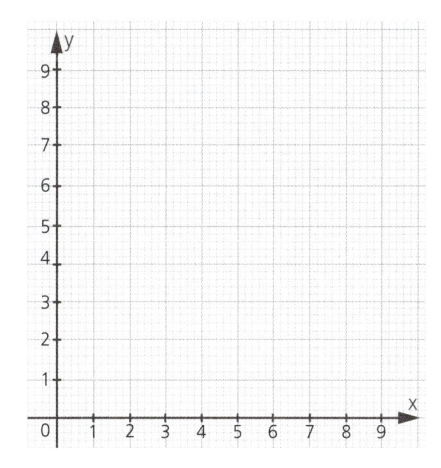

h = _____ Einheiten   h = _____ Einheiten

232 Konstruiere das Trapez und gib die fehlenden Seitenlängen an.

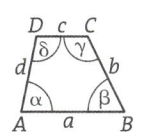

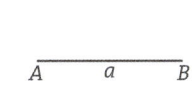

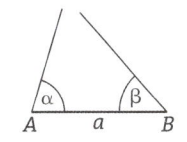

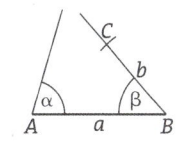

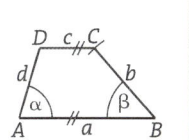

> $a = 8$ cm; $b = 6{,}7$ cm; $\alpha = 80°$; $\beta = 60°$
> Konstruktion:
>
> Die Längen für c und d in der Zeichnung abmessen: $c \approx 3{,}6$ cm; $d \approx 5{,}9$ cm

a) $a = 8$ cm; $b = 3$ cm; $\alpha = 50°$; $\beta = 75°$ b) $a = 8$ cm; $d = 5{,}5$ cm; $\alpha = 30°$; $\beta = 82°$

233 Zeichne das gleichschenklige Trapez in ein Koordinatensystem und konstruiere den Umkreismittelpunkt U. Gib die Koordinaten von U an und den Umkreisradius r.

a) A(1|1), B(9|1), C(7|6), D(3|6)
U(____|____); r = _____

b) A(0|2), B(10|2), C(7|8), D(3|8)
U(____|____); r = _____

234 Konstruiere das Trapez und gib die Längen der fehlenden Seiten an.

TIPP: Konstruiere zuerst das Dreieck ABC bzw. ABD und zeichne dann c parallel zu a.

a) $a = 7$ cm; $b = 5$ cm; $c = 4$ cm; $e = 6$ cm
b) $a = 5{,}5$ cm; $c = 4{,}5$ cm; $d = 3{,}7$ cm; $f = 5{,}9$ cm

7 Vierecke und Vielecke

G Flächeninhalt des Trapezes

Der Flächeninhalt eines Trapezes ist genauso groß wie der Flächeninhalt eines **Rechtecks** und zweier **rechtwinkliger Dreiecke**:

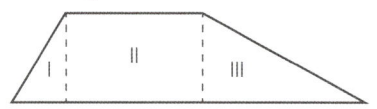

REGEL

Flächeninhalt des Trapezes:
$$A = A_I + A_{II} + A_{III}$$

235 Bestimme den Flächeninhalt des Trapezes. 1 Einheit ≙ 1 cm.

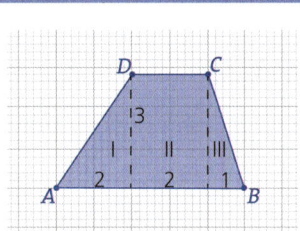

$A_I = \dfrac{2 \cdot 3}{2} = 3 \text{ cm}^2$; $A_{II} = 2 \cdot 3 = 6 \text{ cm}^2$; $A_{III} = \dfrac{1 \cdot 3}{2} = 1,5 \text{ cm}^2$

$A = A_I + A_{II} + A_{III} = 10,5 \text{ cm}^2$

a)

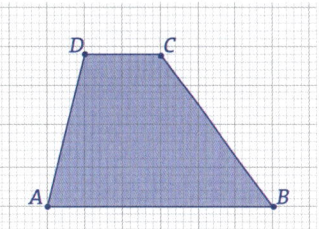

b)

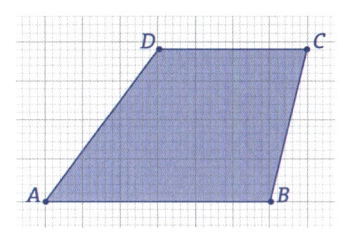

c)

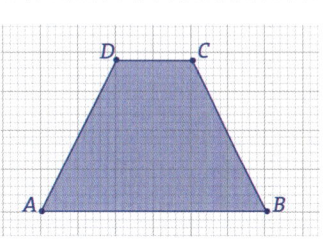

H Deltoid

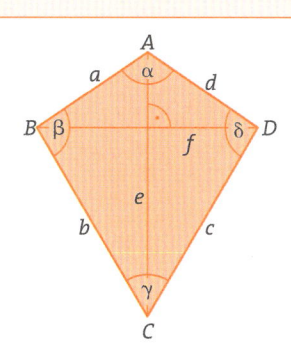

- Ein **Deltoid** (Drachenviereck, Drachenfigur) ist ein Viereck, das aus **zwei gleichschenkligen Dreiecken** besteht, die an der gleich langen Basis zusammengesetzt sind.

Eigenschaften des Deltoids

- Benachbarte Seiten sind gleich lang: $a = d$, $b = c$
- Die Winkel β und δ sind gleich groß.
- Die Diagonalen bilden einen rechten Winkel.
- Die Diagonale e ist die Symmetrieachse.
- e ist die Winkelsymmetrale von α und γ.
- e ist die Streckensymmetrale von f.

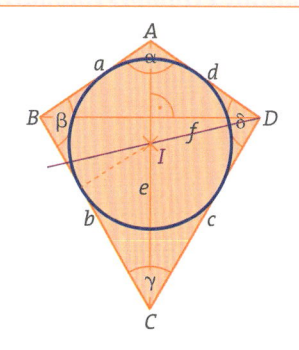

- Jedes Deltoid hat einen **Inkreis**. Der Inkreismittelpunkt **I** ist der Schnittpunkt der Winkelsymmetralen.

  Da e schon die Winkelsymmetrale von α und γ ist, muss nur noch die Winkelsymmetrale von β oder δ konstruiert werden.

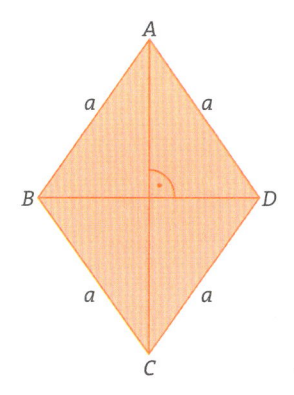

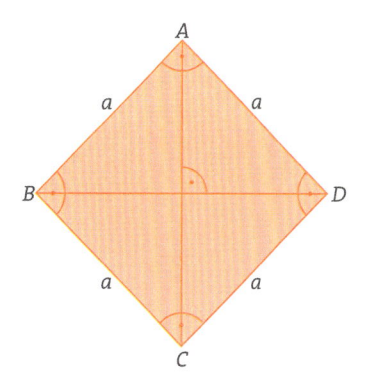

- Die Eigenschaften des Deltoids treffen auch auf die **Raute** und das **Quadrat** zu, da diese beiden Vierecke als Deltoide angesehen werden können:

7 Vierecke und Vielecke

236 Ergänze den fehlenden Eckpunkt so, dass ein Deltoid entsteht, und beschrifte es vollständig.

a)

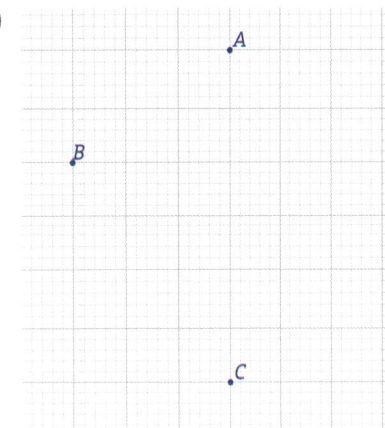

b)

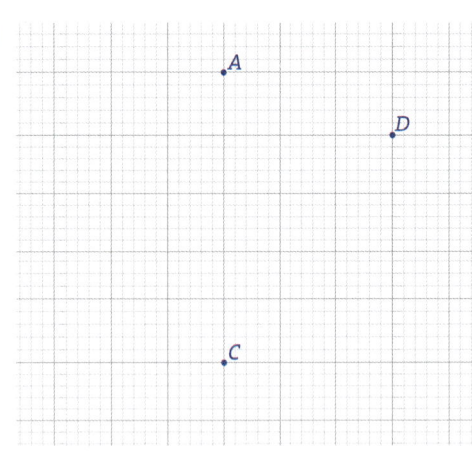

237 Zeichne die Punkte in ein Koordinatensystem und ergänze den fehlenden Eckpunkt so, dass ein Deltoid entsteht.

a) A(3|9), B(0|6), C(3|0), D   D(____|____)
b) A(5|8), B, C(5|3), D(9|6)   B(____|____)
c) A(3|9), B(3|6), C(9|3), D   D(____|____)

238 Konstruiere das Deltoid und gib die Länge der nicht gegebenen Seite an.

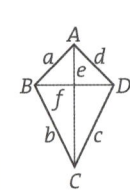

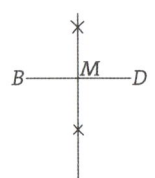

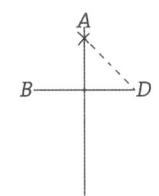

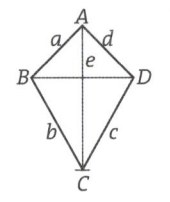

> $d = 3{,}6$ cm; $e = 7$ cm; $f = 6$ cm
> Konstruktion:
>
> Die Länge der Seite b in der Zeichnung abmessen: $b \approx 5{,}8$ cm

a) $a = 4$ cm; $e = 8$ cm; $f = 5$ cm
b) $b = 6{,}4$ cm; $e = 9{,}5$ cm; $f = 10$ cm
c) $a = 7{,}4$ cm; $e = 8{,}3$ cm; $f = 7{,}2$ cm
d) $b = 4{,}2$ cm; $e = 8{,}5$ cm; $f = 6{,}5$ cm

239 Konstruiere das Deltoid und den Inkreismittelpunkt I. Gib die Länge des Inkreisradius ρ an.

TIPP: Konstruiere ein Dreieck mit den gegebenen Längen und ergänze auf ein Deltoid.

a) $a = 3$ cm; $b = 5$ cm; $e = 6$ cm
b) $a = 3{,}8$ cm; $b = 6{,}2$ cm; $e = 7{,}4$ cm

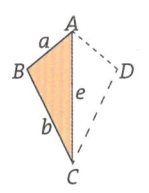

I Flächeninhalt des Deltoids

Jedes **Deltoid** lässt sich in ein **flächengleiches Rechteck** mit den Seitenlängen e und $\frac{f}{2}$ verwandeln:

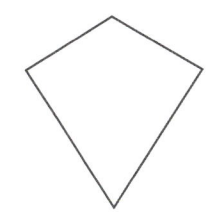

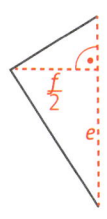

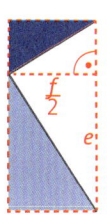

REGEL

Flächeninhalt des Deltoids:

$$A = e \cdot \frac{f}{2} = \frac{e \cdot f}{2}$$

240 Bestimme den Flächeninhalt des Deltoids. 1 Einheit ≙ 1 cm

a)

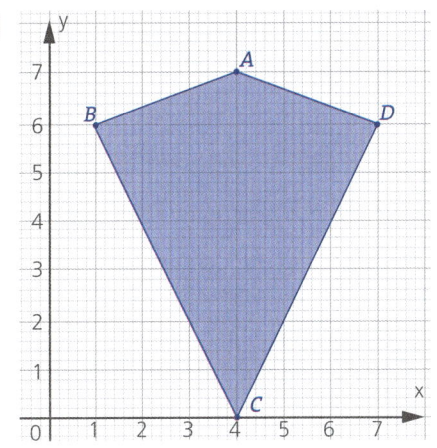

$A =$ _____

b)

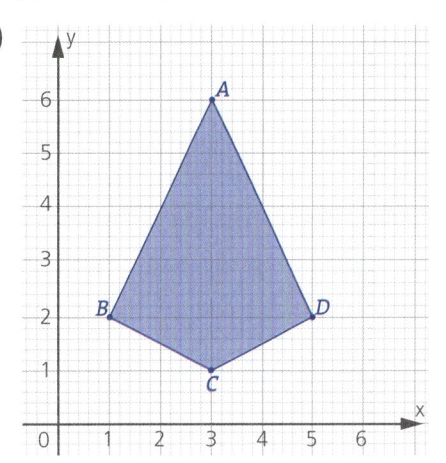

$A =$ _____

241 Ergänze auf ein Deltoid und bestimme den Flächeninhalt. 1 Einheit ≙ 1 cm

a)

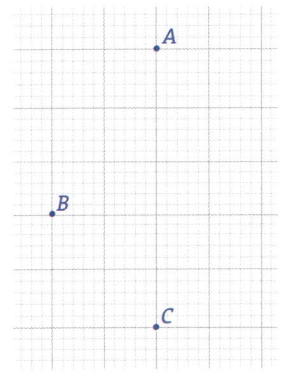

$A =$ _____

b)

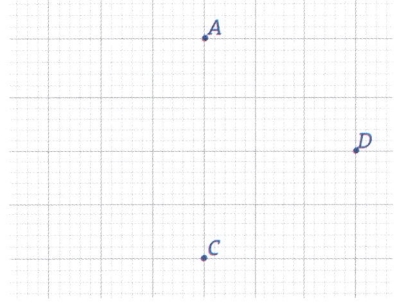

$A =$ _____

J Regelmäßige Vielecke

- Eine Figur mit mehr als vier Ecken wird als **Vieleck** bezeichnet.
- Ein Vieleck mit gleich langen Seiten, dessen Eckpunkte auf einem Kreis (Umkreis) liegen, wird als **regelmäßiges Vieleck** bezeichnet.
- Die Bezeichnung der Eckpunkte erfolgt gegen den Uhrzeigersinn.
- Die (Innen-)Winkel sind gleich groß.
- Jedes regelmäßige Vieleck hat auch einen Inkreis.
- Ein regelmäßiges Vieleck mit n Ecken heißt auch regelmäßiges n-Eck:

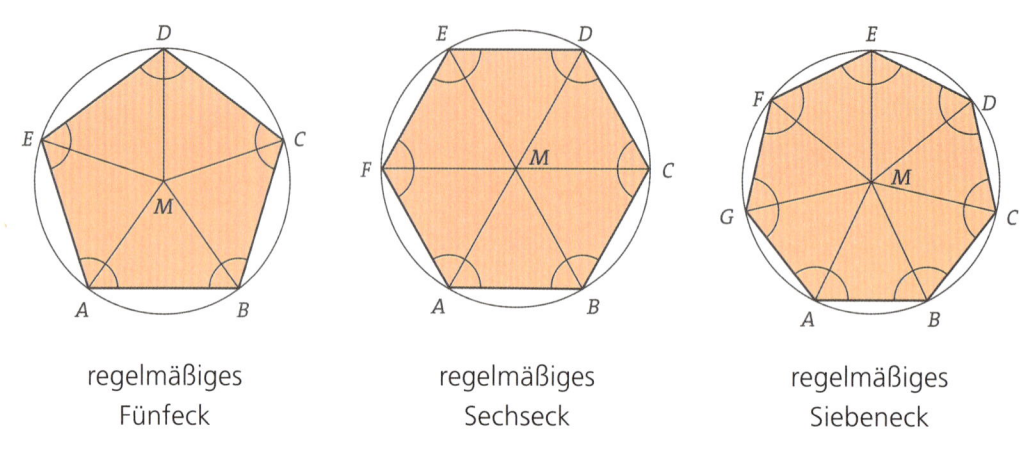

regelmäßiges Fünfeck   regelmäßiges Sechseck   regelmäßiges Siebeneck

- Verbindet man den Mittelpunkt M eines regelmäßigen Vielecks mit den Eckpunkten, entstehen *kongruente gleichschenklige* Dreiecke.
- Die gleich großen Winkel mit dem Scheitel M heißen **Zentriwinkel**.

Bestimme den Zentriwinkel eines regelmäßigen a) Fünfecks, b) Sechsecks, c) Siebenecks (gerundet auf Ganze).

Der volle Winkel mit dem Scheitel M hat 360°. Dividiert man den vollen Winkel durch die Anzahl der Ecken, erhält man das Maß eines Zentriwinkels.

a) Fünfeck → 360° : 5 = 72°

b) Sechseck → 360° : 6 = _____

c) Siebeneck → 360° : _____ ≈ _____

- Jedes Vieleck mit n Ecken lässt sich in $(n-2)$ Dreiecke unterteilen:

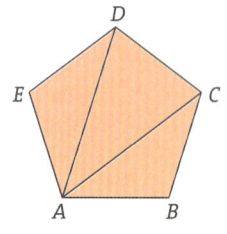

5-Eck
5 − 2 = 3 Dreiecke

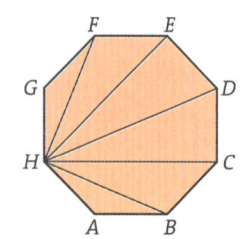

8-Eck
8 − 2 = 6 Dreiecke

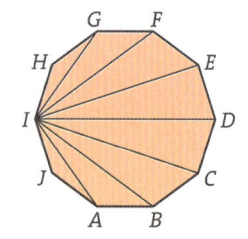

10-Eck
10 − 2 = 8 Dreiecke

7 Vierecke und Vielecke

> Bestimme die (Innen-)Winkelsumme eines regelmäßigen
> a) Fünfecks, b) Achtecks, c) Zehnecks, d) n-Ecks.
>
> **a)** Die (Innen-)Winkelsumme eines Dreiecks ist 180°. Ein regelmäßiges Fünfeck lässt sich in 5 − 2 = 3 Dreiecke unterteilen. Daher gilt für die (Innen-)Winkelsumme im Fünfeck:
> 180° · 3 = 540°
>
> **b)** Achteck: 180° · 6 = _____ °
>
> **c)** Zehneck: 180° · _____ = _____ °
>
> **d)** n-Eck: 180° · _____

242 Konstruiere das n-Eck mit dem gegebenen Umkreisradius r.
  a) Achteck, r = 2,5 cm
  b) Fünfeck, r = 3 cm
  c) Zwölfeck, r = 4 cm
  d) Neuneck, r = 3,5 cm

243 Konstruiere das regelmäßige Sechseck mit der Seitenlänge a.
TIPP: Zeichne einen Kreis mit dem Radius a und trage die Länge a sechsmal auf der Kreislinie ab. Verbinde die Schnittpunkte der Kreisbögen mit der Kreislinie.

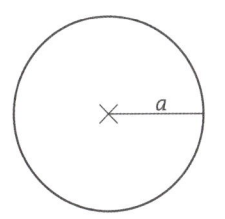

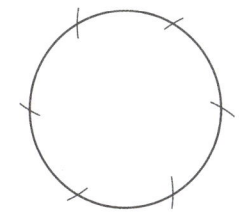

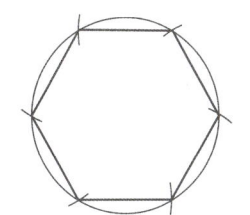

  a) a = 3 cm   b) a = 4,5 cm   c) a = 2,5 cm   d) a = 15 mm

244 Berechne die (Innen-)Winkelsumme des n-Ecks.
  a) Siebeneck: _____
  b) Zwölfeck: _____
  c) Fünfzehneck: _____

Online-Test
Finde heraus, ob du das Thema dieses Kapitels schon drauf hast. Einfach QR-Code scannen und los geht's!

Prismen

A Eigenschaften und Schrägriss

- Ein Körper, der von zwei parallelen und deckungsgleichen (kongruenten) Vielecken sowie von *Rechtecken* begrenzt wird, heißt **gerades Prisma**.

- Die parallelen deckungsgleichen Vielecke sind die **Grundflächen** (auch: Grundfläche und Deckfläche).

- Der Normalabstand zwischen der Grund- und der Deckfläche wird als **Höhe** bezeichnet.

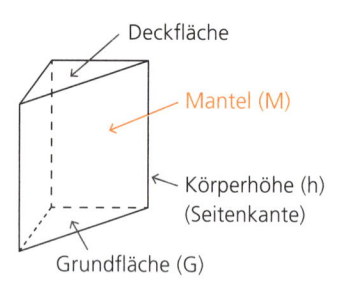

Deckfläche
Mantel (M)
Körperhöhe (h) (Seitenkante)
Grundfläche (G)

- Die rechteckigen Begrenzungsflächen bilden den **Mantel**.

- Benannt werden Prismen nach der Anzahl der Ecken ihrer Grundflächen

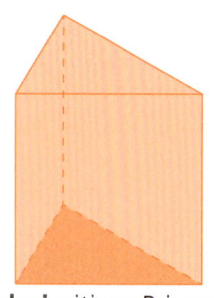

dreiseitiges Prisma

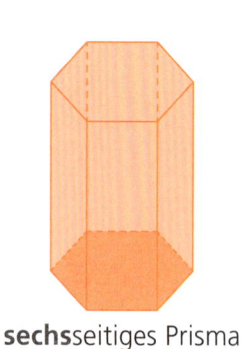

- Sind die Grundflächen regelmäßige Vielecke, spricht man auch von regelmäßigen Prismen.

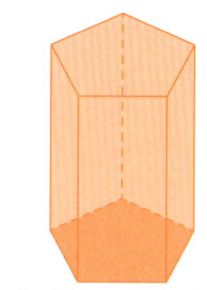

regelmäßiges fünfseitiges Prisma

sechsseitiges Prisma

- Bei einem **schiefen Prisma** sind die Mantelflächen keine Rechtecke, sondern **Parallelogramme**.

schiefes dreiseitiges Prisma

- Die Grund- und die Deckfläche eines Prismas müssen nicht immer unten und oben liegen:

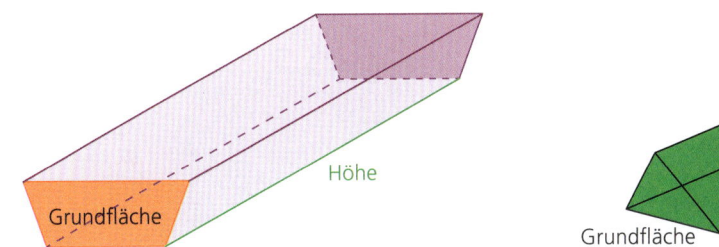

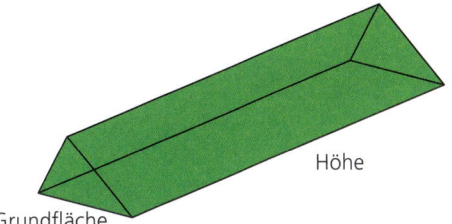

245 Gib an, um welche Art von Prisma es sich handelt.

a) _____

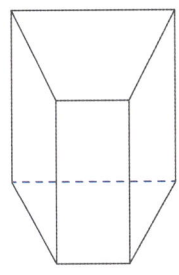

b) _____

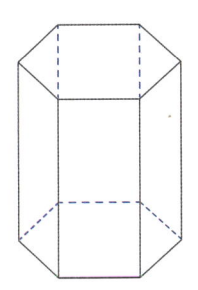

c) _____

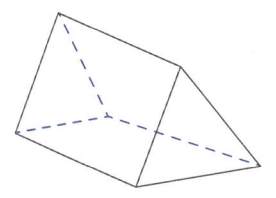

d) _____

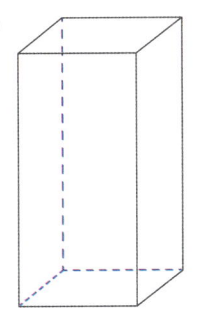

e) _____

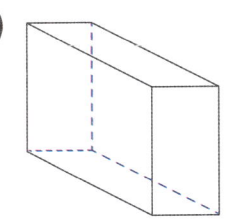

246 Male die Grund- und die Deckfläche in derselben Farbe an.

a)

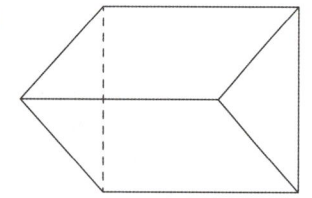

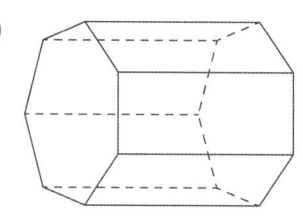

b)

c)

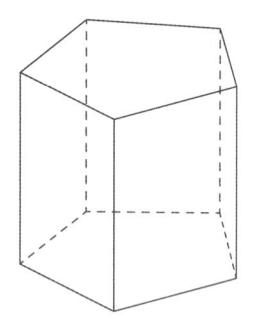

d)

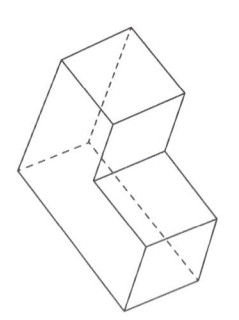

247 Streiche die Körper, die keine Prismen sind, durch und begründe deine Entscheidung.

a)

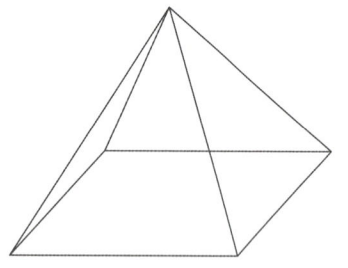

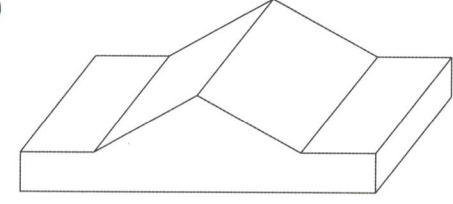

b)

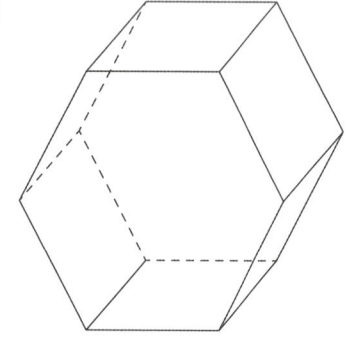

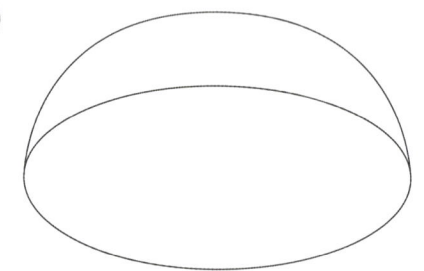

c)

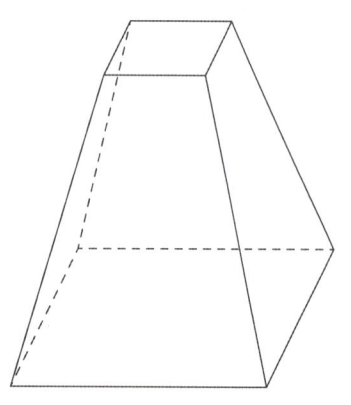

d)

e)

f)

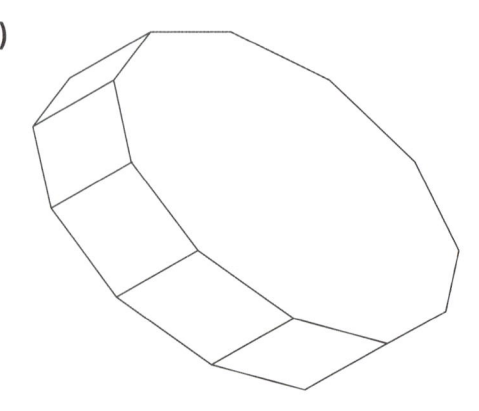

248 Wie wird das beschriebene Prisma noch genannt?

a) Gerades Prisma mit rechteckiger Grundfläche

_____

b) Gerades regelmäßiges vierseitiges Prisma mit quadratischen Mantelflächen.

_____

249 Sind die Aussagen richtig oder falsch? Kreuze an und finde das Lösungswort.

	richtig	falsch
Jedes gerade vierseitige Prisma ist ein Quader.	☐ R	☐ J
Die Seitenkanten eines geraden Prismas sind gleich lang.	☐ A	☐ T
In einem geraden Prisma entspricht die Länge einer Seitenkante der Höhe des Prismas.	☐ G	☐ P
Jedes Prisma hat lauter gleich lange Kanten.	☐ M	☐ U
Ein Kreis kann die Grundfläche eines Prismas sein.	☐ V	☐ A
Ein regelmäßiges vierseitiges Prisma mit lauter gleich langen Kanten ist ein Würfel.	☐ R	☐ L

Lösungswort: _____

Schrägriss eines Prismas:

1. Grundfläche zeichnen.

2. Körperhöhe h in halber Länge in einem Winkel von 45° (Diagonale eines Kästchens auf kariertem Papier) nach hinten zeichnen.

3. Kanten ergänzen (unsichtbare Kanten strichlieren).

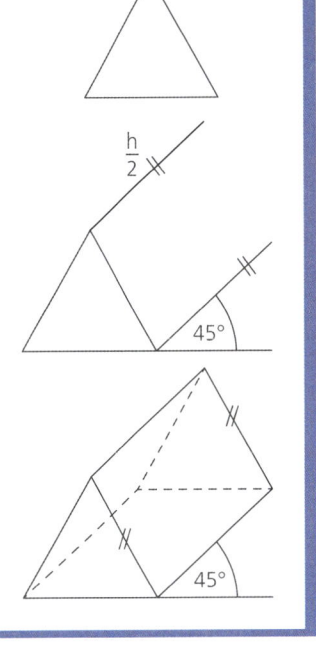

8 Prismen

250 Zeichne den Schrägriss des Prismas mit der angegebenen Höhe h.

a) h = 6 cm

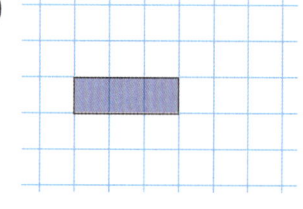

b) h = 7 cm

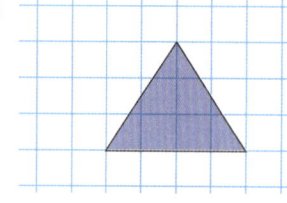

c) h = 8 cm

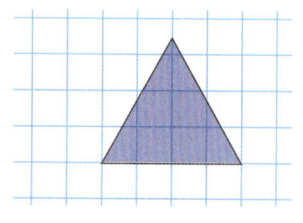

251 Zeichne den Schrägriss des Prismas mit quadratischer Grundfläche (Kantenlänge a).

a) a = 3 cm; h = 4 cm

b) a = 4 cm; h = 5 cm

c) a = 2 cm; h = 7 cm

252 Zeichne den Schrägriss den Prismas im Maßstab 1 : 100.

a)

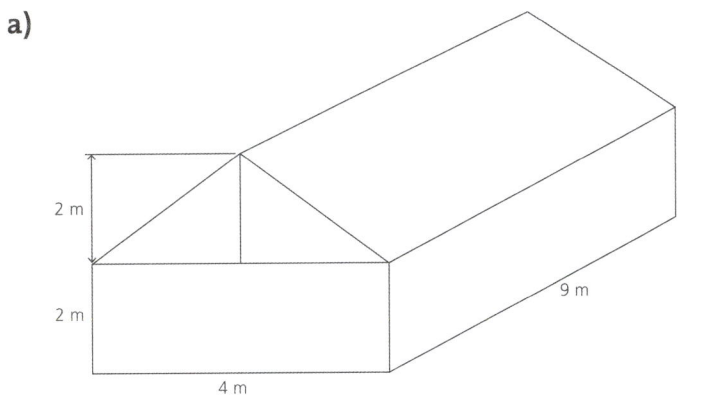

2 m, 2 m, 4 m, 9 m

b)

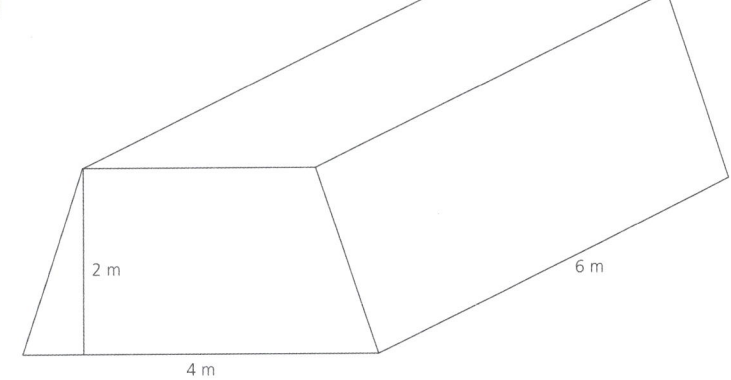

2 m, 4 m, 6 m

c)

3 m, 1 m, 3 m, 8 m

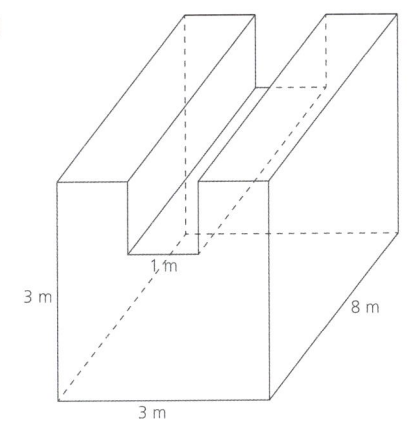

B Netz, Oberfläche und Volumen eines Prismas

- Breitet man alle Begrenzungsflächen eines Prismas in der Ebene aus, entsteht das **Netz** eines Prismas:

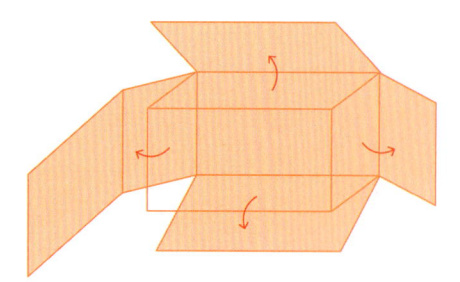

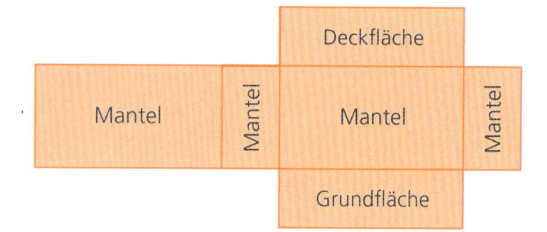

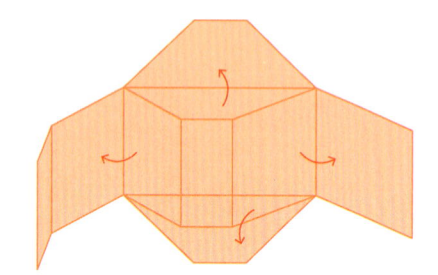

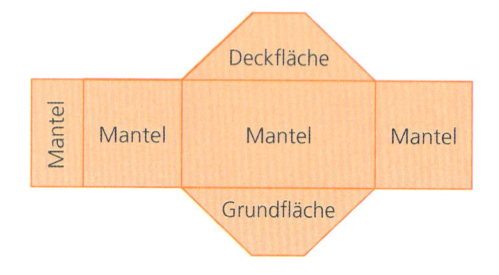

TIPP

Zeichnen des Netzes eines Prismas:
- Zeichne die Flächen, die den Mantel bilden, direkt hintereinander.
- Zeichne die Grund- und die Deckfläche oben und unten direkt an eine Begrenzungsfläche des Mantels.
- **Kanten**, die beim Zusammenfalten zusammenstoßen, müssen **gleich lang** sein!

253 Zeichne das Netz des Prismas.

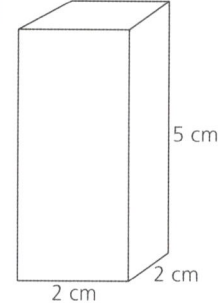

a) 4 cm, 2 cm, 3 cm

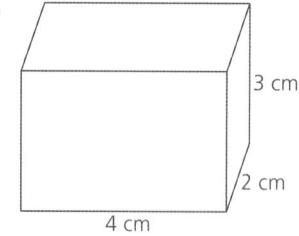

b) 2 cm, 2 cm, 5 cm

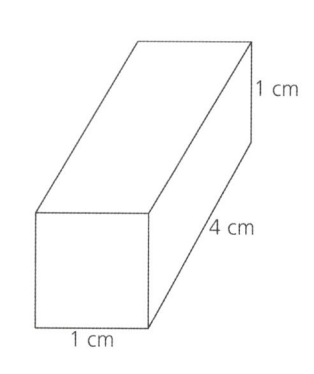

c) 1 cm, 1 cm, 4 cm

254 Aus welchen Netzen kann ein gerades Prisma gefaltet werden?

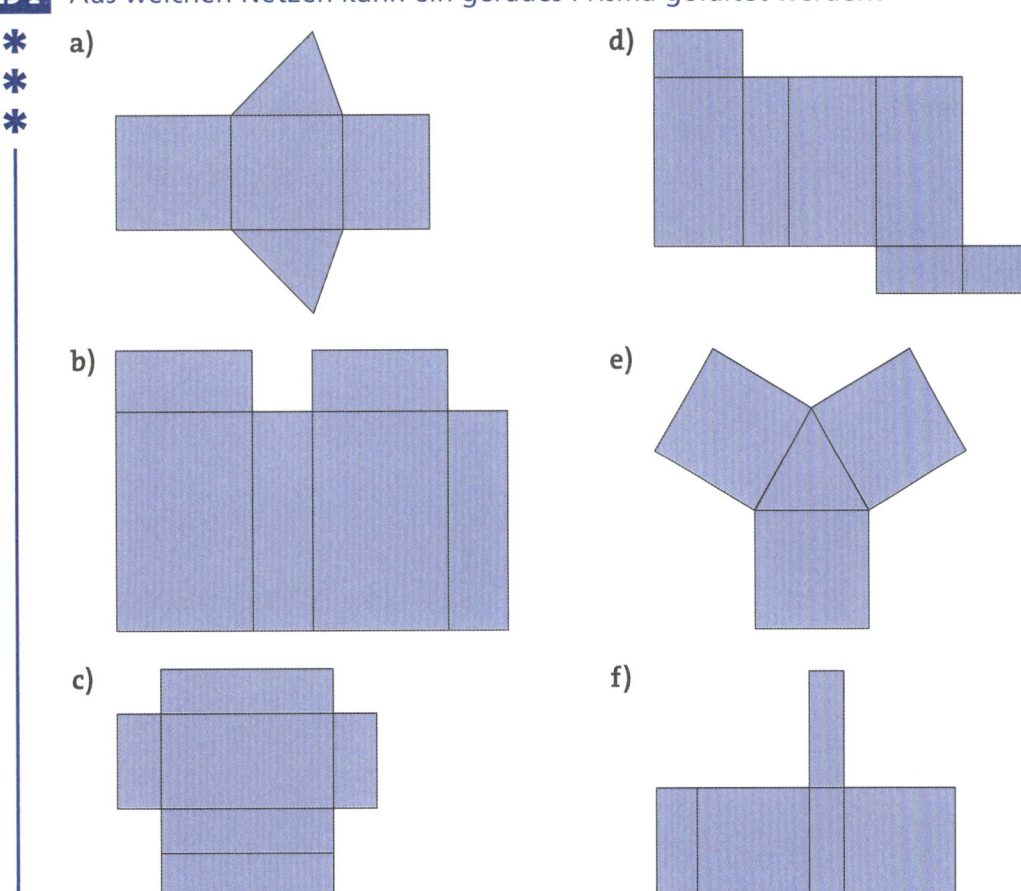

a)

b)

c)

d)

e)

f)

- Die Summe der Begrenzungsflächeninhalte eines Prismas ergibt den Oberflächeninhalt:

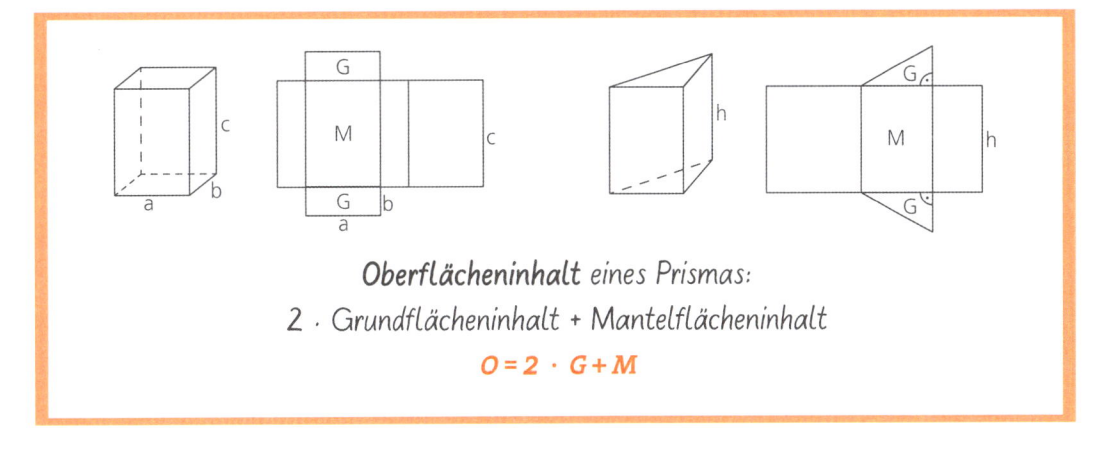

> **Oberflächeninhalt** eines Prismas:
> 2 · Grundflächeninhalt + Mantelflächeninhalt
> $O = 2 \cdot G + M$

- Berechnung des Mantelflächeninhalts:

REGEL

Mantelflächeninhalt:
Umfang der Grundfläche mal Höhe
$M = u_G \cdot h$

255 Bestimme den Oberflächeninhalt des Prismas.

a)

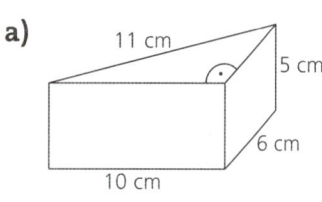

$G = (6 \cdot \underline{\hspace{1cm}}) : 2 = \underline{\hspace{1cm}} : 2 = \underline{\hspace{1cm}}$ cm²

$M = (10 + \underline{\hspace{1cm}} + \underline{\hspace{1cm}}) \cdot 5 = \underline{\hspace{1cm}} \cdot 5 =$

$= \underline{\hspace{1cm}}$ cm²

$O = 2 \cdot \underline{\hspace{1cm}} + \underline{\hspace{1cm}} = \underline{\hspace{1cm}} + \underline{\hspace{1cm}} =$

$= \underline{\hspace{1cm}}$ cm²

b)

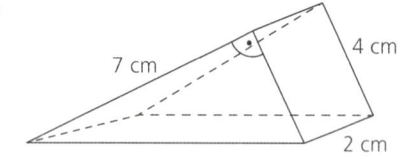

Hinweis: Zeichne das rechtwinklige Dreieck und miss die fehlende Seitenlänge ab.

c)

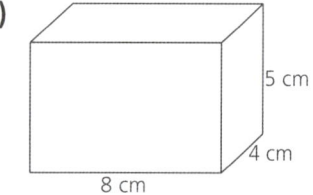

d)

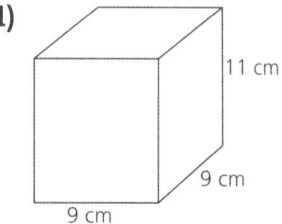

e)

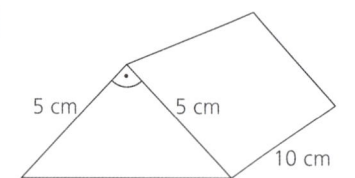

f)

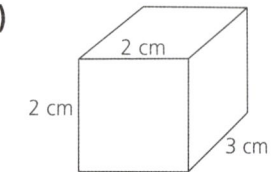

256 Gegeben sind die Grundfläche und die Höhe eines Prismas. Berechne den Oberflächeninhalt.

a)

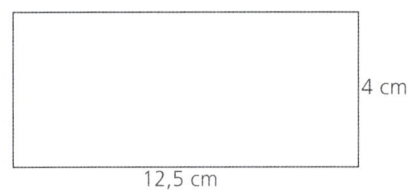

4 cm
12,5 cm

$h = 4{,}5$ cm

b)

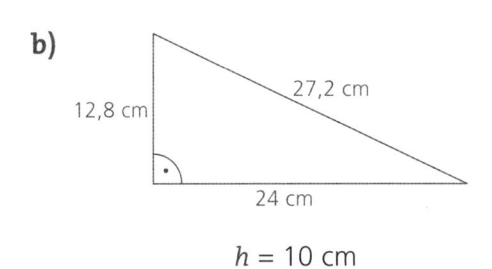

27,2 cm
12,8 cm
24 cm

$h = 10$ cm

257 Ordne den Prismen den jeweiligen Oberflächeninhalt zu und finde das Lösungswort.

G: Rechteck $a = 11$ cm, $b = 3$ cm $h = 12$ cm		N	408 cm²
G: Quadrat $a = 20$ cm $h = 13$ cm		R	480 cm²
G: rechtwinkliges Dreieck mit den Katheten $a = 6$ cm, $b = 8$ cm und der Hypotenuse $c = 10$ cm $h = 15$ cm		E	266,5 cm²
G: Rechteck $a = 4{,}5$ cm, $b = 4$ cm $h = 10$ cm		Ä	1 840 cm²
G: Quadrat $a = 6{,}5$ cm $h = 7$ cm		Z	206 cm²
G: rechtwinkliges Dreieck mit den Katheten $a = 8$ cm, $b = 15$ cm und der Hypotenuse $c = 17$ cm $h = 9$ cm		T	402 cm²

Lösungswort: _____

8 Prismen

- Berechnung des Rauminhalts eines Prismas:

REGEL

Volumen:
Grundflächeninhalt mal Höhe
$V = G \cdot h$

258 Berechne das Volumen des Prismas.

a)

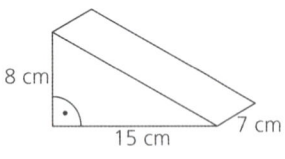

$G = (15 \cdot \underline{}) : 2 = \underline{} : 2 = \underline{}$ cm²

$V = G \cdot H = \underline{} \cdot 7 = \underline{}$ cm³

8 cm, 15 cm, 7 cm

b) 12 cm, 21 cm, 7 cm

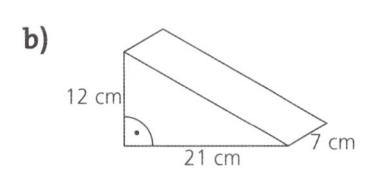

c) 7 cm, 7 cm, 7 cm

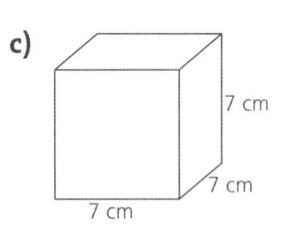

d) 8 cm, 7 cm, 11 cm

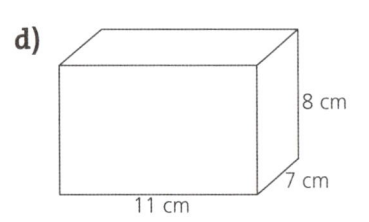

e) 20 cm, 30 cm

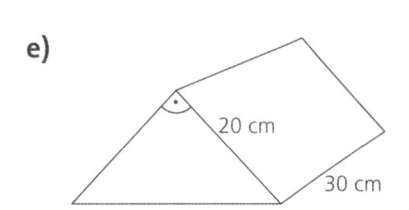

C Zusammengesetzte Körper

Die Grundfläche vieler Prismen setzt sich aus **Rechtecken** und **rechtwinkligen Dreiecken** zusammen.

Für das **Volumen** solcher Prismen gilt:

REGEL: Summe der Flächeninhalte der Teilflächen der Grundfläche (= Grundflächeninhalt) mal Körperhöhe

259 Berechne das Volumen des Körpers.

a) Maße in cm

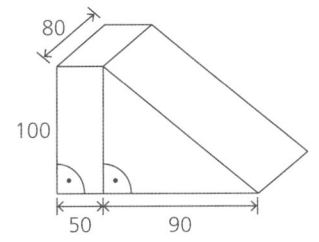

Die Grundfläche setzt sich aus einem

R _____ und einem _____

Dreieck zusammen:

$G = 50 \cdot$ _____ $+ ($ _____ $\cdot\ 100\ ) : 2 =$

$=$ _____ $+$ _____ $: 2 =$

$=$ _____ $+$ _____ $=$

$=$ _____ cm^2

$h =$ _____ cm

$V = G \cdot h =$ _____ $\cdot$ _____ $=$

$=$ _____ $cm^3 =$ _____ dm^3

b) Maße in cm

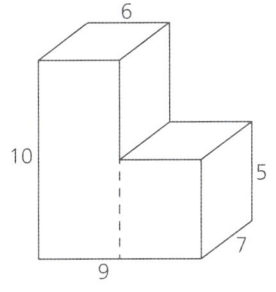

Die Grundfläche setzt sich aus zwei

_____ zusammen.

$G =$ _____ $\cdot\ 6 + ($ _____ $- 6\ ) \cdot$ _____ $=$

$=$ _____ $+$ _____ $\cdot$ _____ $=$

$=$ _____ $+$ _____ $=$ _____ cm^2

$h =$ _____ cm

$V = G \cdot h =$ _____ $\cdot$ _____ $=$ _____ cm^3

260 Aus welchen Teilflächen setzt sich die Grundfläche des Prismas zusammen? Berechne das Volumen.

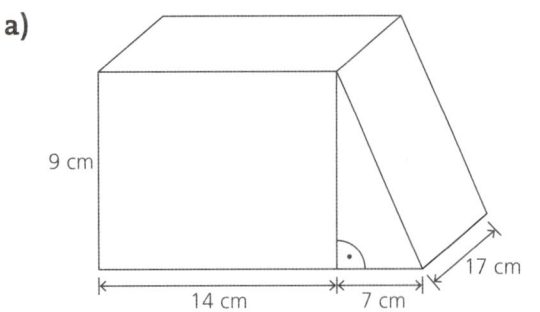

a) 9 cm, 14 cm, 7 cm, 17 cm

b) 3,5 m, 2,5 m, 4 m, 6 m

261 Bestimme das Volumen des gesamten umbauten Raums des Hauses.

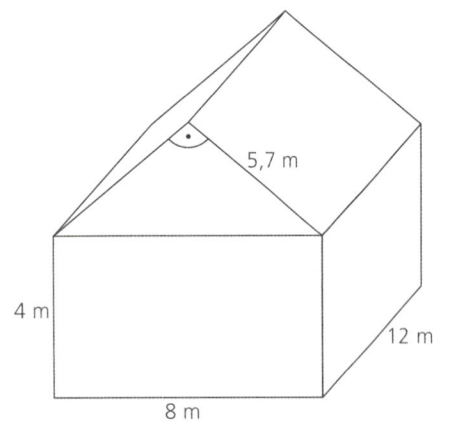

5,7 m, 4 m, 8 m, 12 m

262 Berechne, wie viel Kubikmeter Wasser im Becken sind, wenn es bis zum Rand gefüllt ist. Wie viel Kubikmeter Wasser sind im Becken, wenn es bis 10 cm unter den Rand gefüllt ist?

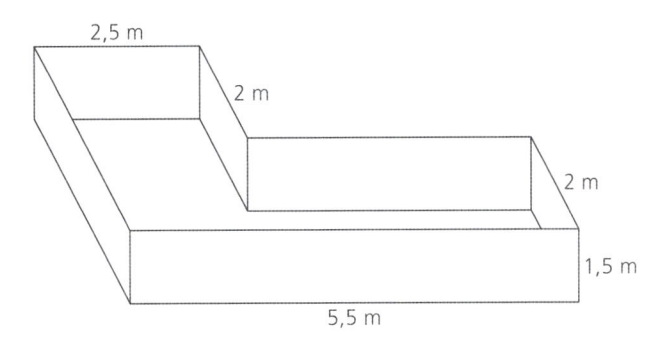

263 Berechne, wie viel Kubikmeter Wasser das Schwimmbecken fasst, wenn es bis zum oberen Rand gefüllt ist.

a)

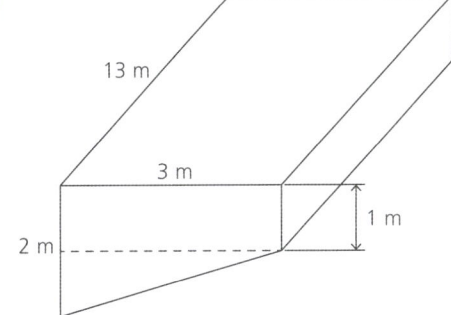

b)

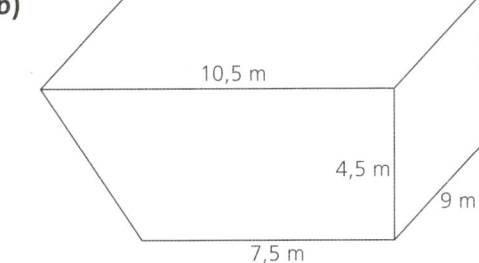

D Umkehraufgaben

Durch Anwenden von entgegengesetzten Rechenarten kann die Volumsformel eines Prismas umgeformt werden:

> **REGEL**
> $V = G \cdot h$
> $G = V : h$
> $h = V : G$

264 Ergänze die Lücken.

a) Ein Prisma mit rechteckiger Grundfläche hat das Volumen $V = 1\,925$ cm³.
Die Grundfläche hat die Seitenlängen $a = 25$ cm und $b = 11$ cm.

$G =$ _____ $\cdot$ _____ $\qquad h = V : G =$ _____ $:$ _____ $=$

$\quad =$ _____ cm² $\qquad\qquad\qquad\qquad\quad =$ _____ cm

b) Ein Prisma mit dem Volumen $V = 206{,}31$ cm³ und der Höhe $h = 7{,}8$ cm.

$G = V : h =$ _____ $:$ _____ $=$ _____ cm²

c) Ein Prisma mit dem Volumen $V = 523{,}25$ cm³ und der Grundfläche $G = 45{,}5$ cm².

$h = V :$ _____ $=$ _____ $:$ _____ $=$ _____ cm

d) Ein quadratisches Prisma hat das Volumen $V = 4\,900$ cm³.
Die Grundfläche hat die Seitenlänge $a = 14$ cm.

$G =$ _____ $\cdot$ _____ $=$ $\qquad h =$ _____ $:$ _____ $=$

$\quad =$ _____ cm² $\qquad\qquad\qquad\qquad\quad =$ _____ cm

Hat ein Prisma eine rechteckige Grundfläche mit den Seitenlängen a und b und die Körperhöhe h, gilt für das Volumen: **V = a · b · h**

Nach Anwenden von entgegengesetzten Rechenarten erhält man:

> **REGEL**
> $a = V : (b \cdot h)$
> $b = V : (a \cdot h)$
> $h = V : (a \cdot b)$

265 Bestimme die fehlende Größe des rechteckigen Prismas. Ergänze die Lücken.

Rechteckiges Prisma

a) $V = 660$ cm³; $b = 4$ cm; $h = 11$ cm:

$a = $ _____ : (4 · _____) = _____ cm

b) $V = 4284$ cm³; $a = 12$ cm; $h = 21$ cm:

$b = 4284 : ($ _____ · _____ $) = $ _____ cm

c) $V = 279{,}68$ cm³; $a = 15{,}2$ cm; $b = 8$ cm:

$h = $ _____ : (_____ · _____) = _____ cm

266 Berechne die fehlende Größe.

a) $V = 540$ dm³; $G = 45$ dm² $h = $ _____

b) $G = 15{,}5$ dm²; $h = 12$ dm $V = $ _____

c) $V = 392$ dm³; $h = 14$ dm $G = $ _____

267 Berechne die fehlende Größe des rechteckigen Prismas.

	V	a	b	h
a)	1309 dm³	17 dm	7 dm	
b)	4788 dm³	21 dm		19 dm
c)	1976 dm³		10 dm	13 dm
d)		5,5 dm	3,3 dm	7 dm

268 Ein Prisma hat ein rechtwinkliges Dreieck mit den Katheten a und b als Grundfläche. Berechne die Höhe h des Prismas.

TIPP: $V = (a \cdot b \cdot h) : 2$

a) $V = 252$ cm³; $a = 12$ cm; $b = 7$ cm   c) $V = 990$ cm³; $a = 15$ cm; $b = 12$ cm

b) $V = 204{,}6$ cm³; $a = 12{,}4$ cm; $b = 11$ cm

Online-Test
Finde heraus, ob du das Thema dieses Kapitels schon drauf hast. Einfach QR-Code scannen und los geht's!

Zuordnung – Proportionalität

A Darstellung von Zuordnungen

- Wird eine Größe einer anderen Größe zugeordnet, spricht man von einer **Zuordnung**.
- Die Zuordnung kann in Form einer **Wertetabelle** angeschrieben werden.
- Die so entstehenden *Zahlenpaare* kann man als Punkte in ein Koordinatensystem einzeichnen. So entsteht der **Graph** (zeichnerische Darstellung) der Zuordnung.
- Die Werte der **linken Spalte** trägt man auf der **waagrechten** Achse, die Werte der **rechten Spalte** auf der **senkrechten** Achse auf.

269 An einem Ort werden an einem bestimmten Tag zu den angegebenen Zeitpunkten folgende Temperaturen gemessen. Trage die fehlenden Wertepaare in das Koordinatensystem ein.

Uhrzeit	°C
6	5
7	7
8	9
9	11
10	12
11	14
12	15
13	15
14	13
15	12
16	11
17	9
18	7

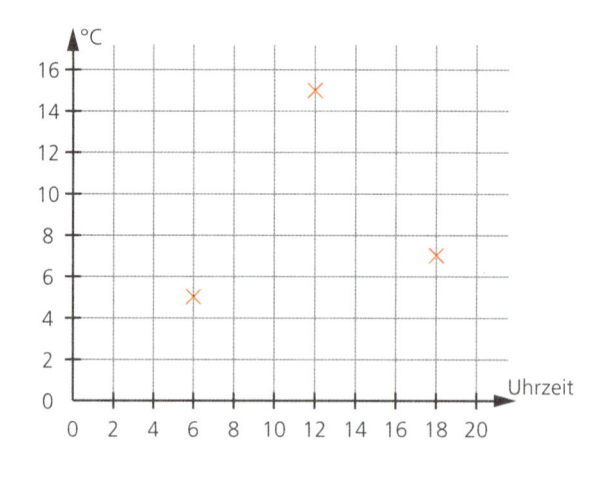

Die **Punkte** dürfen **nicht verbunden** werden, da ja zwischen den einzelnen Uhrzeiten keine Messwerte vorliegen. Oft macht man es aber trotzdem, um den **Temperaturverlauf** besser zu veranschaulichen.

270 Zeichne für den Temperaturverlauf einen Graph.

a)
Uhrzeit	°C
6	4
8	7
10	11
12	13
14	12
16	9

b)
Uhrzeit	°C
7	5
10	9
13	13
16	8
19	6
22	2

c)
Uhrzeit	°C
6	5
10	14
14	18
18	10
22	6

271 Alyssa macht eine Radtour. Die benötigte Zeit und der zurückgelegte Weg sind in einem Graph dargestellt. Lies die benötigten Informationen aus dem Graphen ab und ergänze den Text.

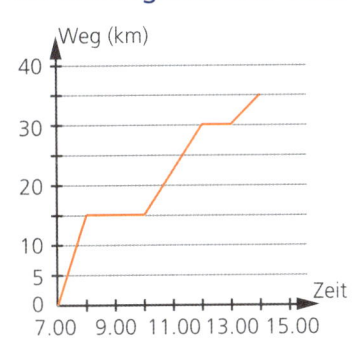

Von 7 Uhr bis 8 Uhr sind _____ km zurückgelegt worden. Es folgt eine Pause von _____ Stunden. Um _____ Uhr wird die Fahrt fortgesetzt. In der Zeit von _____ Uhr bis _____ Uhr legt Alyssa 15 km zurück und macht danach eine Pause von _____ Stunde. Um _____ Uhr wird das Ziel erreicht. Es ist _____ km vom Startort entfernt.

272 Ergänze den Text, der eine Radfahrt beschreibt, so, dass er zum Graphen passt.

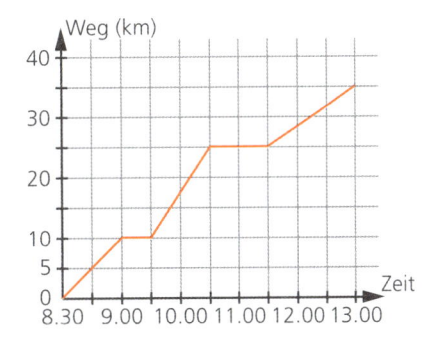

In der Zeit von _____ Uhr bis _____ Uhr legt der Radfahrer eine Strecke von 10 km zurück. Anschließend wird eine _____ Stunde Pause gemacht. Für die nächste Etappe von _____ km wird eine Stunde benötigt. Von _____ Uhr bis _____ Uhr kehrt der Radfahrer in einem Gasthaus ein, um einen Tee zu trinken. Die letzte Etappe der Radtour ist _____ km lang. Um _____ Uhr wird der Zielort erreicht – er ist _____ km vom Ausgangsort entfernt.

273 Je schneller ein Auto fährt, desto länger ist der Weg, bis es zum Stillstand kommt. Stelle den Bremsweg bei den angegebenen Geschwindigkeiten in einem Graph dar.

Geschwindigkeit (km/h)	Bremsweg (m)
20	4
40	16
60	36
80	64

B Direkte Proportionalität

Sind zwei Größen *x* und *y* **direkt proportional** zueinander, gilt:

> **TIPP**
>
> Verdoppelt man *x*, verdoppelt sich auch *y*.
> Verdreifacht man *x*, verdreifacht sich auch *y* usw.
>
> Halbiert man *x*, halbiert sich auch *y*.
> Drittelt man *x*, drittelt sich auch *y* usw.

Auf einem Markt wird Obst verkauft. 1 kg kostet 2 €.
Die Obstmenge in kg (1. Größe) und der Preis in € (2. Größe) sind zueinander direkt proportional, da folgende **Eigenschaften** erfüllt sind:

kg Obst	Preis
2	4
1	2
5	10

:2, ·5 (auf beiden Seiten)

In der Wertetabelle wird auf beiden Seiten durch dieselbe Zahl **dividiert** bzw. mit derselben Zahl **multipliziert**.

Preis	:	kg Obst		
4	:	2	=	2
2	:	1	=	2
10	:	5	=	2

kg Obst	:	Preis		
2	:	4	=	0,5
1	:	2	=	0,5
5	:	10	=	0,5

Der **Quotient** bleibt gleich, wenn man die beiden Größen dividiert.

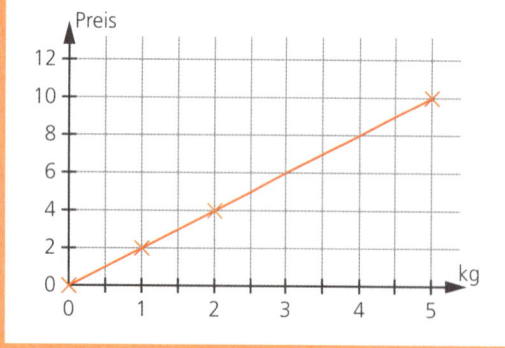

Der **Graph** ist ein steigender **Strahl**, der beim Nullpunkt beginnt. (Kauft man nichts, zahlt man auch nichts!)

274 Ergänze die Tabelle.

a)
kg Äpfel	Preis
1	2
2	
5	
10	

b)
Liter Milch	Preis
1	1,1
0,5	
3	
5	

c)
Anzahl Karten	Preis
1	28
3	
10	
25	

275 Ergänze die Tabelle.

a)
Fahrrad	Reifen
1	
2	
5	10
10	

b)
Eiskugeln	Preis
1	
2	
5	
6	9

c)
Fahrkarten	Preis
1	
3	
10	35
25	

276 Handelt es sich um eine direkte Proportionalität? Kreuze an.

		ja	nein
a)	Treibstoff in Liter – Preis in Euro		
b)	Anzahl der Arbeiter – Zeit, die für eine Arbeit benötigt wird		
c)	Fahrstrecke in km – Treibstoffverbrauch in Liter		
d)	Volumen eines Öltanks in Liter – Heizdauer in Stunden		

277 Ist die Zuordnung direkt proportional? Begründe deine Entscheidung mathematisch.

a)
1. Größe	2. Größe
3	12
5	20
11	44
20	80

b)
1. Größe	2. Größe
4	24
7	49
15	90
29	174

c)
1. Größe	2. Größe
8	4
12	6
20	10
30	15

C Indirekte Proportionalität

Sind zwei Größen *x* und *y* **indirekt proportional** zueinander, gilt:

> **TIPP**
>
> Verdoppelt man *x*, halbiert sich *y*.
> Verdreifacht man *x*, drittelt sich *y* usw.
>
> Halbiert man *x*, verdoppelt sich *y*.
> Drittelt man *x*, verdreifacht sich *y* usw.

Ein Arbeiter braucht für eine bestimmte Arbeit 12 Stunden.
Die Anzahl der Arbeiter (1. Größe) und die für die Arbeit benötigte Zeit in Stunden (2. Größe) sind zueinander indirekt proportional, da folgende **Eigenschaften** erfüllt sind:

Anzahl Arbeiter	Dauer in h
3	4
1	12
6	2

: 3 ↓   · 3 ↑
· 6 ↓   : 2 ↓

Wird eine Seite der Wertetabelle durch eine Zahl **dividiert**, wird auf der anderen Seite mit derselben Zahl **multipliziert**.

Dauer in h	·	Arbeiter		
4	·	3	=	12
12	·	1	=	12
2	·	6	=	12

Multipliziert man beide Größen, bleibt das **Produkt** immer gleich.

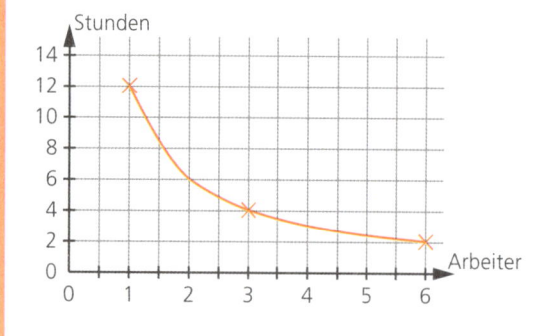

Der Graph ist eine **fallende Kurve**, die die Koordinatenachsen nie berührt.

278 Ergänze die Tabelle.

a)
Anzahl Personen	Limo in Liter pro Person
1	6
2	
3	
6	

b)
Anzahl Bagger	Arbeitszeit in Tagen
1	12
3	
4	
6	

279 Ergänze die Tabelle.

a)
Geschwindigkeit	Zeit in min für eine Strecke
1	
30	
50	
75	40

b)
Anzahl der Kühe	Tage, die die Tiere mit einem Heuvorrat gefüttert werden können
1	
3	
8	3
12	

280 Handelt es sich um eine indirekte Proportionalität? Kreuze an.

		ja	nein
a)	Pflanzen in einem Beet – Platz pro Pflanze in cm^2		
b)	Zuflussmenge in Liter – Zeit für das Füllen des Beckens in Stunden		
c)	Anzahl der Maschinen – Anzahl der hergestellten Produkte		

281 Ist die Zuordnung indirekt proportional? Begründe deine Entscheidung mathematisch.

a)
1. Größe	2. Größe
1	3
3	1
4	0,75
6	0,5

b)
1. Größe	2. Größe
4	3,75
5	3
8	1,8
10	1,5

c)
1. Größe	2. Größe
2	5
4	2,5
5	2
10	1

9 Zuordnung – Proportionalität

D Schlussrechnungen

Lösen von Schlussrechnungen

- Suche die Größen, die in einem Verhältnis zueinander stehen.

- Mache eine Tabelle.

- Überlege, in welchem Verhältnis die Größen zueinander stehen:
  „je mehr ... desto mehr" → **direkte Proportionalität**
  „je mehr ... desto weniger" → **indirekte Proportionalität**

- Beginne mit der Zahl oberhalb der unbekannten Größe:
  direkte Proportionalität → zuerst ***dividieren***,
  dann multiplizieren

  indirekte Proportionalität → zuerst ***multiplizieren***,
  dann dividieren

Wissen

Ein Radfahrer fährt in einer Woche (7 Tage) 294 km. Welche Strecke legt er in einem Monat (30 Tage) zurück?

1. Größe: T _____, 2. Größe: K _____

Tage	km
7	294
30	x

Den gesuchten Wert bezeichne mit einer Variable, z. B. x

Je _____ Tage der Radfahrer fährt, desto _____ ist die Strecke, die er zurücklegt.

Die beiden Größen bilden eine d_____ Proportionalität.

Tage	km
7	294
30	x

$x = (294 : 7) \cdot 30 =$ _____ $\cdot\ 30$
$=$

282 12 Arbeiter brauchen für eine Arbeit 15 Stunden. Berechne, wie lange nur 10 Arbeiten für dieselbe Arbeit brauchen. Ergänze die Lücken.

1. Größe: A _____, 2. Größe: St _____ → _____ Verhältnis

Arbeiter	Stunden
12	15
10	x

$x = ($ _____ $\cdot\ 12\ ) :$ _____ $=$

$=$ _____ $:$ _____ $=$

$=$ _____ Stunden

283 In welchem Verhältnis stehen die beiden Größen zueinander?

	1. Größe	2. Größe	Verhältnis
a)	Anzahl der Songs auf einer CD	Songlänge	
b)	Anzahl der Schokoriegel	Preis für die Schokoriegel	
c)	Größe des Feldes	Menge des Saatguts	
d)	Geschwindigkeit	Zeit für den zurückgelegten Weg	
e)	Verpackungsgröße	Müllmenge	

284 Schreibe in einer Tabelle an und berechne den gesuchten Wert.

a) Für 30 Becher Joghurt zahlt ein Restaurant 18 €. Bestimme den Preis für 40 solche Becher.

b) 5 Kinokarten kosten 37,50 €. Bestimme den Preis für 8 Karten.

c) Für die Fertigstellung eines Straßenstücks brauchen 15 Arbeiter 48 Tage. Berechne, wie lange 18 Arbeiter brauchen.

d) Aus 17 Liter Kuhmilch können ungefähr 850 g Butter erzeugt werden. Berechne, wie viel Kilogramm Butter man aus 200 Liter Milch erhält.

e) Fährt man mit 20 km/h, braucht man für eine bestimmte Strecke vier Stunden. Bestimme die Geschwindigkeit, mit der man diese Strecke in zwei Stunden zurücklegen könnte.

f) Eine Fabrik produziert einen Auftrag mit 180 Arbeitern in 105 Tagen. In wie vielen Tagen könnte der Auftrag fertiggestellt sein, wenn noch weitere 20 Arbeiter eingestellt werden?

g) Für eine 120 km lange Strecke braucht ein Fahrzeug 8 Liter Treibstoff. Wie weit kommt das Fahrzeug mit 50 Litern Treibstoff?

Online-Test
Finde heraus, ob du das Thema dieses Kapitels schon drauf hast. Einfach QR-Code scannen und los geht's!

Statistik

A Absolute, relative, prozentuelle Häufigkeit

- **Absolute Häufigkeit**: Anzahl der Ergebnisse einer Beobachtung mit einer bestimmten Eigenschaft
- **Relative Häufigkeit**: Anteil der absoluten Häufigkeit an der Gesamtzahl der ermittelten Daten

REGEL

$$\text{relative Häufigkeit} = \frac{\text{absolute Häufigkeit}}{\text{Gesamtzahl der Daten}}$$

- Die relative Häufigkeit kann als *Bruch* oder *Dezimalzahl* angegeben werden.
- **Prozentuelle Häufigkeit**: Sie gibt die relative Häufigkeit in Prozentschreibweise an.

REGEL

$$\text{prozentuelle Häufigkeit} = (\text{relative Häufigkeit} \cdot 100)\,\%$$

Bei einer KlassensprecherInnenwahl erhalten Elisa, Ben und Jasmin folgende Stimmen. Ergänze die Tabelle.

	absolute Häufigkeit	relative Häufigkeit	in Prozent
Elisa	9	$\frac{9}{20} = 0{,}45$	$0{,}45 \cdot 100\% = 45\%$
Ben	6	$\frac{6}{20} = $ ____	____ %
Jasmin	5	____ = ____	____ %
gesamt	$\frac{20}{20} = 1$	$\frac{20}{20} = 1$	____ %

- Die verschiedenen Häufigkeiten lassen sich graphisch z. B. mit einem *Säulendiagramm* (= Rechtecke mit gleicher Breite, deren Höhen den jeweiligen Häufigkeiten entsprechen) darstellen.

285 Berechne die relativen und die prozentuellen Häufigkeiten der Schularbeitsnoten einer Klasse. Ergänze die Tabelle.

Note	absolute Häufigkeit	relative Häufigkeit	prozentuelle Häufigkeit
1	3		
2	6		
3	13		
4	2		
5	1		
gesamt			

286 Lies aus dem Säulendiagramm die absoluten Häufigkeiten der Noten bei einer Schularbeit ab und berechne die relativen und prozentuellen Häufigkeiten.

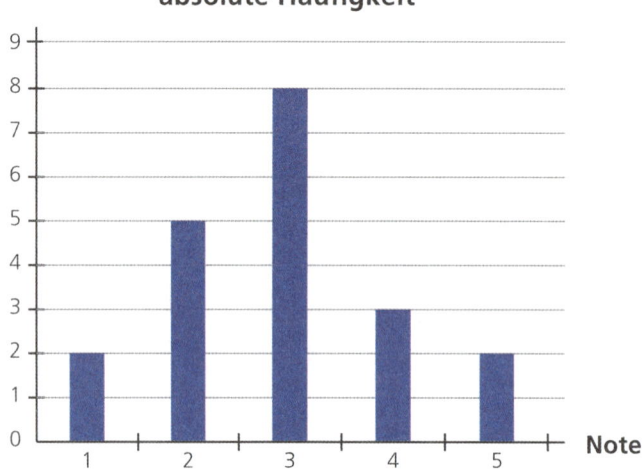

absolute Häufigkeit

(Note 1: 2, Note 2: 5, Note 3: 8, Note 4: 3, Note 5: 2)

287 Welche Häufigkeit tritt in den Aussagen auf? Kreuze an.

		absolute Häufigkeit	relative Häufigkeit	%
a)	7 Jugendliche tragen eine Brille.			
b)	$\frac{3}{4}$ der Kinder mögen das Buch.			
c)	In der Klasse sind 12 Buben und 14 Mädchen.			
d)	15% haben für Linda als Klassensprecherin gestimmt.			

B Mittelwert

> **REGEL:** Mittelwert (arithmetisches Mittel) = $\dfrac{\text{Summe aller Werte}}{\text{Anzahl aller Werte}}$

a) Die monatlichen Umsätze eines Geschäfts im ersten Halbjahr sind in einer Tabelle zusammengefasst:

Jänner	5 480
Februar	7 930
März	10 420
April	12 300
Mai	8 950
Juni	13 000

Für den durchschnittlichen Umsatz pro Monat im ersten Halbjahr gilt:

(5 480 + _____ + _____ + _____ + _____ + _____) : 6 =

= _____ : 6 = _____ €/Monat

b) Von zwei Geschäften A und B kennt man die Kundenzahlen der einzelnen Tage einer Woche. Geschäft A hat am Samstag geschlossen. Welches Geschäft wird durchschnittlich pro Tag von mehr Kunden besucht?

	A	B
Mo	750	630
Di	520	490
Mi	400	580
Do	630	400
Fr	780	450
Sa		900

A: (_____ + _____ + _____ + _____ + _____) : _____ =

= _____ : _____ = _____ Kunden/Tag

B: (_____ + _____ + _____ + _____ + _____ + _____) : _____ =

= _____ : _____ = _____ Kunden/Tag

Geschäft _____ wird im Schnitt pro Tag von mehr Kunden besucht.

10 Statistik

288 Ein Fußballclub führt eine Statistik über die geschossenen Tore seiner Spielerinnen und Spieler. Wie viele Tore hat eine Spielerin/ein Spieler im Mittel geschossen?

	1 Tor	2 Tore	3 Tore	4 Tore	5 Tore
Spielerinnen/Spieler	1	10	7	3	1

289 Die Geschwindigkeit von Autos wird gemessen. Berechne die durchschnittliche Geschwindigkeit pro gemessenem Auto.

70 km/h	80 km/h	65 km/h	72 km/h	90 km/h

290 Jugendliche werden über die Höhe ihres monatlichen Taschengeldes befragt. Wie viel Euro Taschengeld erhält ein Jugendlicher durchschnittlich pro Monat?

15 €	30 €	32 €	50 €	20 €	25 €	45 €	22 €	31 €

291 Wie viel Kilogramm hat ein Packet im Durchschnitt?

a) 3,45 kg; 2,35 kg; 3,20 kg; 4 kg
b) 10,2 kg; 9 kg; 11,5 kg; 8,90 kg; 10 kg

292 Berechne die Durchschnittsnote pro Schularbeit.

Note	absolute Häufigkeit
1	2
2	7
3	9
4	2
5	0

293 Finde drei Zahlen, deren Mittelwert den angegebenen Wert hat.

> 5   Zum Beispiel: 7, 3 und 5, da $\frac{7+3+5}{3} = 5$ ist.

a) 6
b) 20

C Graphische Darstellung von Daten / Manipulation durch Graphen

- Neben der Darstellung in einem *Säulendiagramm* lassen sich Daten auch in einem **Balkendiagramm** oder **Piktogramm** darstellen.
- Prozentuelle Häufigkeiten werden oft auch in einem **Kreisdiagramm** (**Prozentkreis**) oder **Streifendiagramm** (**Prozentstreifen**) veranschaulicht.

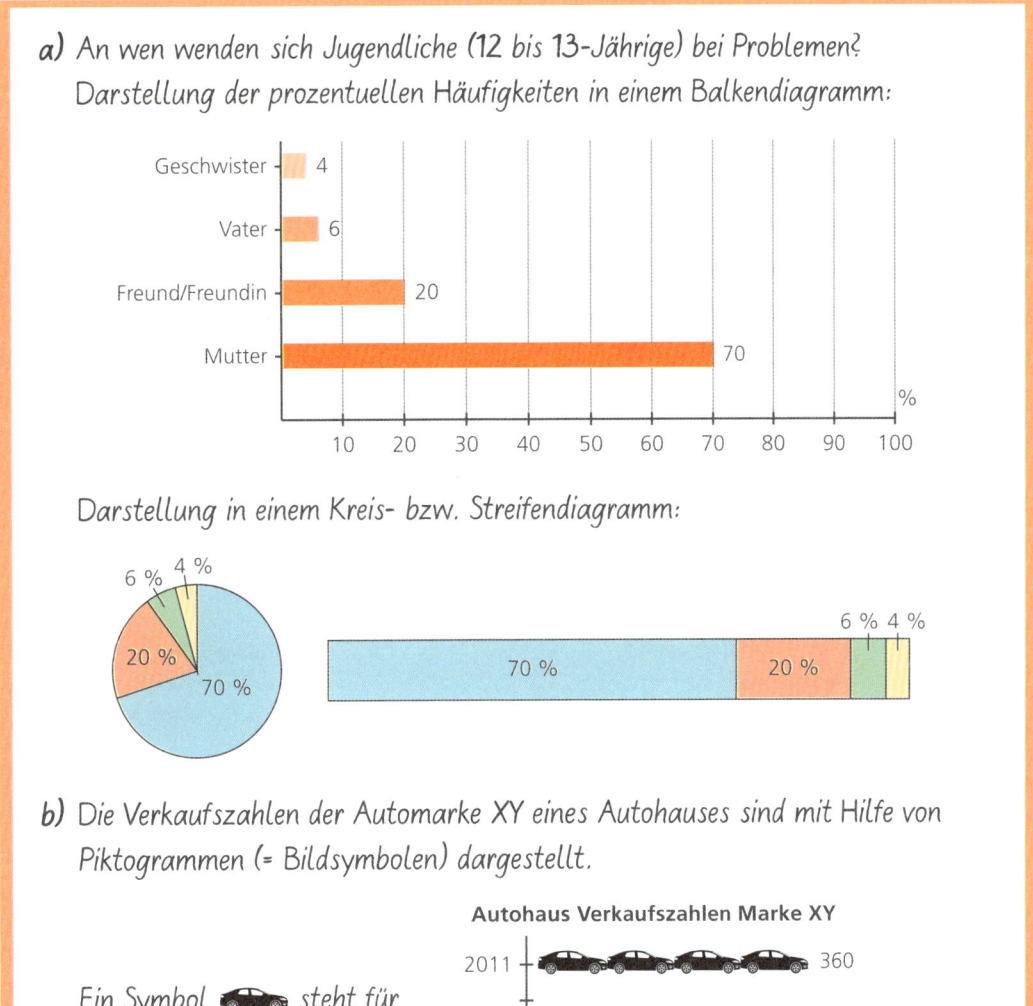

a) An wen wenden sich Jugendliche (12 bis 13-Jährige) bei Problemen? Darstellung der prozentuellen Häufigkeiten in einem Balkendiagramm:

Geschwister	4
Vater	6
Freund/Freundin	20
Mutter	70

Darstellung in einem Kreis- bzw. Streifendiagramm:

Kreisdiagramm: 70 %, 20 %, 6 %, 4 %
Streifendiagramm: 70 % | 20 % | 6 % | 4 %

b) Die Verkaufszahlen der Automarke XY eines Autohauses sind mit Hilfe von Piktogrammen (= Bildsymbolen) dargestellt.

Autohaus Verkaufszahlen Marke XY

Ein Symbol 🚗 steht für 90 verkaufte Autos.

2011: 🚗🚗🚗🚗 360
2010: 🚗🚗🚗🚗 330
2009: 🚗🚗 210

10 Statistik

- Um eine zeitliche Entwicklung zu veranschaulichen, werden oft **Liniendiagramme** (**Streckenzüge**) verwendet.

Die Einwohnerzahl eines Dorfes ist in vier Jahren gestiegen.

	Jahr	Einwohner
1	2007	7 500
2	2008	8 100
3	2009	9 000
4	2010	10 700

Darstellung der Entwicklung der Einwohnerzahlen in einem Liniendiagramm:

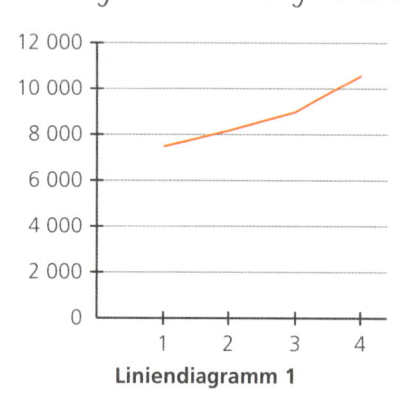

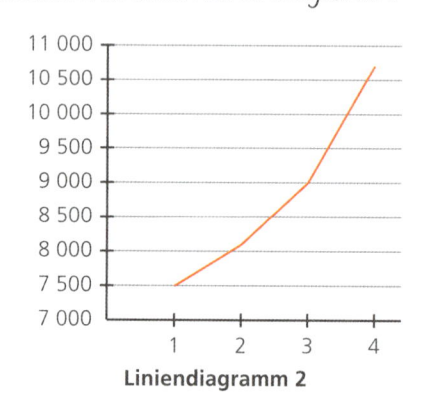

Liniendiagramm 1

Liniendiagramm 2

Beide Liniendiagramme stellen **denselben Sachverhalt** dar – es werden aber **verschiedene Eindrücke** vermittelt!
Es kann beim Betrachter zu einer falschen Deutung der Daten kommen – **Manipulationsgefahr!**

Das Diagramm 2 legt den Schluss nahe, dass die Einwohnerzahl des Dorfes in vier Jahren stark gestiegen ist!
Dieser Eindruck wird dadurch hervorgerufen, dass die **senkrechte Achse nicht bei 0 beginnt**.

Ein verfälschter Eindruck über Daten kann auch dadurch entstehen, wenn auf der **waagrechten Achse unterschiedliche Intervalllängen in gleichen Abständen** eingezeichnet werden.

- Bei sehr **vielen Daten** ist es übersichtlicher, sie in **Klassen** einzuteilen.
- Die Klassen können **gleich** oder **unterschiedlich breit** sein.

Die Masse (das Gewicht) in Kilogramm von Jugendlichen wurde ermittelt. Mache eine Klasseneinteilung.

geordnete (Ur-)Liste:
45; 48; 48; 49; 49; 50, 51; 53; 55; 55; 56; 58; 60; 61; 61; 62; 64; 65; 65; 67

Klassen	absolute Häufigkeit
40 bis 49 kg	5
50 bis 59 kg	7
60 bis 69 kg	8

- Die graphische Darstellung kann durch ein **Histogramm** erfolgen.
- Das sind aneinandergereihte Rechtecke, deren *Flächeninhalt* jeweils der *absoluten Häufigkeit* entspricht.

REGEL

Höhe eines Rechtecks = absolute Häufigkeit : Klassenbreite

Histogramm zu obiger Klasseneinteilung:

1. Rechteck: h = 5 : 10 = 0,5
2. Rechteck: h = 7 : 10 = 0,7
3. Rechteck: h = 8 : 10 = 0,8

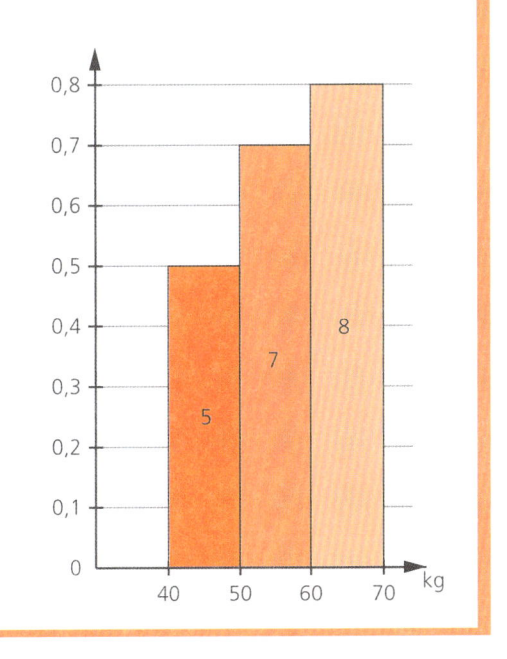

10 Statistik

294 Stelle die auf einem bestimmten Straßenabschnitt gezählten absoluten Häufigkeiten der unterschiedlichen Kraftfahrzeuge (KFZ) als Balkendiagramm dar. (1 cm ≙ 2 KFZ)

LKW	5
Kombis	10
PKW	20
Busse	4
Motorräder	11

295 300 Personen werden nach ihrer Meinung zur Neugestaltung des Hauptplatzes einer Stadt befragt.

Meinung	relative Häufigkeit
Sehr positiv	0,16
Zustimmend	0,37
Unentschieden	0,29
Ablehnend	0,15
Sehr negativ	0,03

a) Wie groß sind die absoluten Häufigkeiten?
b) Zeichne ein Kreisdiagramm der prozentuellen Häufigkeiten. (1% ≙ 3,6°)

296 Lies aus dem Histogramm die absoluten Häufigkeiten der Streckenlängen (in km) ab, die sich in den einzelnen Klassen befinden.

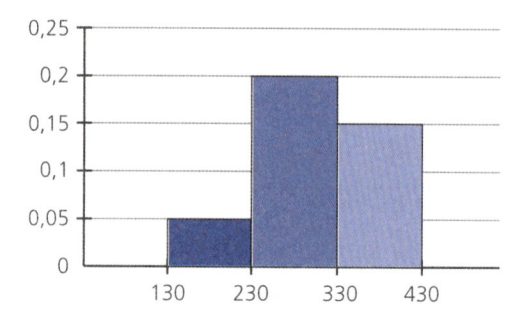

Online-Test
Finde heraus, ob du das Thema dieses Kapitels schon drauf hast. Einfach QR-Code scannen und los geht's!

1. Schularbeit

Schularbeitsstoff	
• Lösen von Gleichungen	• ggT
• Teilbarkeitsregeln	• kgV

1 Löse die Gleichungen und mache die Probe durch Einsetzen!

a) $12 \cdot x - 1 = 47$ ___ / 2 Punkte

b) $2,4 \cdot y = 10,368$ ___ / 2 Punkte

c) $r : 1,2 = 10$ ___ / 2 Punkte

2 Schreibe den Text als Gleichung an und bestimme die Zahl. Vermehrt man das Dreifache einer natürlichen Zahl um 19, erhält man 550. ___ / 4 Punkte

3 a) Beschreibe in Worten: Welche Eigenschaften haben Primzahlen? ___ / 2 Punkte

b) Gib alle Primzahlen zwischen 20 und 30 an! ___ / 2 Punkte

4 a) Formuliere die Teilbarkeitsregel für 3 und für 4! ___ / 2 Punkte

b) Gegeben sind die Zahlen: 2 780; 504; 1 200; 164; 3 114

Welche Zahlen haben die folgenden Eigenschaften?

Die Zahlen sind durch 2 teilbar: _____ ___ / 1 Punkte

Die Zahlen sind durch 3 teilbar: _____ ___ / 1 Punkte

Die Zahlen sind durch 5 teilbar: _____ ___ / 1 Punkte

Die Zahlen sind durch 25 teilbar: _____ ___ / 1 Punkte

5 a) ggT (120, 162) = _____ ___ / 2 Punkte

b) kgV (84, 39) = _____ ___ / 2 Punkte

Bewertung		/ 24 Punkte
23 bis 24 Punkte	Sehr gut	**GESAMT**
20 bis 22 Punkte	Gut	
15 bis 20 Punkte	Befriedigend	
unter 15 Punkte	Wiederhole die Stoffgebiete noch einmal, bei denen du die wenigsten Punkte erreicht hast.	

2. Schularbeit

Schularbeitsstoff
- Rechnen mit Brüchen
- Koordinatensystem
- Winkel

1 Kürze die Brüche:

a) $\frac{28}{52}=$ _____ b) $\frac{180}{340}=$ _____ / 2 Punkte

Erweitere die Brüche:

c) $\frac{5}{9}=\frac{35}{}$ d) $\frac{2}{13}=\frac{}{143}$ / 2 Punkte

2 a) Gib die Bruchzahl in Dezimaldarstellung an:

$3\frac{4}{5}=$ _____ $\frac{7}{25}=$ _____ / 2 Punkte

b) Schreibe die Dezimalzahl in Bruchdarstellung an und kürze so weit wie möglich:

0,8 = _____ 1,15 = _____ / 2 Punkte

3 Berechne: $\left(2\frac{2}{3}+5\frac{1}{2}\right)-\left(\frac{7}{12}+1\frac{2}{3}\right)=$ _____ / 4 Punkte

4 Enzo gibt von seinen 126 € für Schulsachen $\frac{1}{3}$ und für CDs $\frac{4}{9}$ des Geldes aus. Wie viel € hat er noch übrig? / 4 Punkte

5 a) Konstruiere die Winkel: α = 130°, β = 240° / 2 Punkte

b) Gib die Winkelart an:

23° _____ 180° _____ 320° _____ / 3 Punkte

6 Zeichne das Rechteck ABCD[A(2|0), B(8|0), C, D(2|6)] in ein Koordinatensystem. Gib (1) die Koordinaten von C an und bestimme (2) den Flächeninhalt des Rechtecks. [Einheiten auf der x- und y-Achse: 1 cm] / 3 Punkte

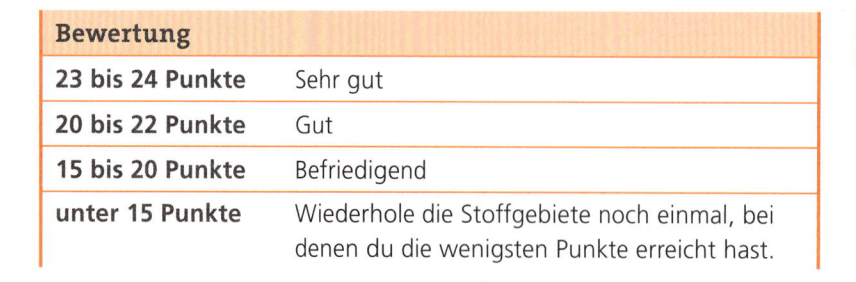

Bewertung	
23 bis 24 Punkte	Sehr gut
20 bis 22 Punkte	Gut
15 bis 20 Punkte	Befriedigend
unter 15 Punkte	Wiederhole die Stoffgebiete noch einmal, bei denen du die wenigsten Punkte erreicht hast.

/ 24 Punkte
GESAMT

3. Schularbeit

Schularbeitsstoff

- Brüche
- Dreieck
- Rechnen mit Gradmaßen

1 Berechne:

a) $\frac{3}{4} \cdot \frac{2}{5} =$ _____ b) $1\frac{1}{3} : 2\frac{2}{9} =$ _____ / 4 Punkte

2 Berechne:

$\left(6\frac{1}{2} - \frac{3}{4} : \frac{1}{8} + 2\frac{2}{3}\right) : \frac{2}{3} =$ _____ / 5 Punkte

3 Berechne:

a) $124° \, 20' - 49° \, 22' =$ _____ / 2 Punkte

b) $67° \, 19' + 120° \, 54' =$ _____ / 2 Punkte

4 a) Wie lautet der komplementäre Winkel zu 67°? / 2 Punkte

_____

b) Wie lautet der supplementäre Winkel zu 176°? / 2 Punkte

_____

5 a) Zeichne das Dreieck ABC[A(0|0), B(9|1), C(6|8)] und konstruiere / 5 Punkte
den Höhenschnittpunkt H und den Umkreismittelpunkt U!
Gib die Koordinaten von H und U an!

b) Unter welcher Voraussetzung ist ein Dreieck durch die Angabe / 2 Punkte
von drei Seitenlängen eindeutig konstruierbar?

Bewertung	
23 bis 24 Punkte	Sehr gut
20 bis 22 Punkte	Gut
15 bis 20 Punkte	Befriedigend
unter 15 Punkte	Wiederhole die Stoffgebiete noch einmal, bei denen du die wenigsten Punkte erreicht hast.

/ 24 Punkte

GESAMT

4. Schularbeit

Schularbeitsstoff

- Dreieck
- Statistik
- direkte Verhältnisse
- indirekte Verhältnisse

1 Von einem gleichschenkligen Dreieck kennt man die Länge der Basis c und den Umfang u (c = 7,8 cm; u = 18,4 cm)

a) Berechne die Schenkellänge! ___ / 1 Punkte

b) Konstruiere das Dreieck! ___ / 1 Punkte

c) Konstruiere den Schwerpunkt und den Inkreismittelpunkt! ___ / 2 Punkte

2 Konstruiere das gleichseitige Dreieck mit der Seitenlänge a = 6 cm. Zeichne den Höhenschnittpunkt H, den Umkreismittelpunkt U, den Schwerpunkt S und den Inkreismittelpunkt I ein. Welche Besonderheit fällt dir dabei auf? ___ / 4 Punkte

3 Bei einer Mathematikschularbeit gibt es folgende Notenverteilung:
3, 4, 1, 2, 2, 5, 4, 3, 3, 3, 2, 1, 1, 4, 3, 2, 3, 3, 4, 1

a) Stelle eine Tabelle für die absoluten und relativen Häufigkeiten der einzelnen Noten auf! ___ / 2 Punkte

b) Gib die relativen Häufigkeiten in Prozent an! ___ / 2 Punkte

c) Berechne die durchschnittliche Note pro Schularbeit! ___ / 2 Punkte

d) Zeichne ein Streifendiagramm für die prozentuellen Häufigkeiten! ___ / 2 Punkte

4 a) Eine Bohrmaschine arbeitet sich mit 36 m pro Tag ins Erdreich vor. Wie tief bohrt die Maschine in 50 Tagen? Wie lange braucht die Maschine, um 9 km ins Erdreich vorzudringen? ___ / 4 Punkte

b) Für eine bestimmte Arbeit sollen 3 Schubraupen 15 Stunden lang eingesetzt werden. Nach 8 Stunden müssen 2 Schubraupen abgezogen werden. Wie lange dauert die Arbeit nun insgesamt? ___ / 4 Punkte

___ / 24 Punkte
GESAMT

Bewertung	
23 bis 24 Punkte	Sehr gut
20 bis 22 Punkte	Gut
15 bis 20 Punkte	Befriedigend
unter 15 Punkte	Wiederhole die Stoffgebiete noch einmal, bei denen du die wenigsten Punkte erreicht hast.

5. Schularbeit

Schularbeitsstoff
- Prozentrechnung
- Vierecke

1 Herr Mayer zahlt beim Volltanken 47,50 €.

a) Am 1. Jänner wird der Benzinpreis um 10% erhöht. Wie viel zahlt Herr Mayer nach der Preiserhöhung? / 4 Punkte

b) Der erhöhte Preis wird kurze Zeit später wieder um 10% gesenkt. Zahlt Herr Mayer nach der Preissenkung weniger oder gleich viel wie vor der Preiserhöhung? Gib eine mathematische Begründung an! / 4 Punkte

2 Für ein Sofa zahlt man im Ausverkauf statt 580 € nur mehr 493 €. Um wie viel Prozent ist der Preis reduziert worden? / 4 Punkte

3 a) Der Preis für einen neuen Fernseher beträgt inklusive 20% Mehrwertsteuer 812,40 €. Berechne den Preis ohne Mehrwertsteuer! / 4 Punkte

b) Ein um 9% verbilligtes Kleid kostet jetzt 30,94 € Berechne den Preis vor der Verbilligung! / 4 Punkte

4 Zeichne das Viereck ABCD[A(0|0), B(5|2), C(4|6), D(1|6)] in ein Koordinatensystem und berechne den Flächeninhalt! / 4 Punkte

Bewertung	
23 bis 24 Punkte	Sehr gut
20 bis 22 Punkte	Gut
15 bis 20 Punkte	Befriedigend
unter 15 Punkte	Wiederhole die Stoffgebiete noch einmal, bei denen du die wenigsten Punkte erreicht hast.

/ 24 Punkte
GESAMT

6. Schularbeit

Schularbeitsstoff	
▪ Prismen	▪ Masse
▪ Vielecke	▪ Dichte

1 Konstruiere das Fünfeck ABCDE[A(3|0), B(6|3), C(5|5) D(2|6), E(0|2)] in ein Koordinatensystem und berechne den Flächeninhalt!   / 4 Punkte

2 Ein quaderförmiger Goldbarren ist 21 cm lang, 14 cm breit und 9 cm hoch. Berechne seine Masse (sein Gewicht), wenn ein Kubikzentimeter Gold 19,3 g wiegt. Schreibe das Ergebnis mehrnamig an!   / 4 Punkte

3 a) Ein Körper hat die Masse $m = 7{,}72$ g und das Volumen $V = 4$ cm³. Welche Masse (in g) hat ein Kubikzentimeter des Körpers, d. h., wie groß ist seine Dichte?   / 4 Punkte

b) Gib eine Formel für die Dichte eines Körpers an!   / 4 Punkte

Dichte = _____

4 Gegeben ist ein Quader mit quadratischer Grundfläche ($a = 10$ cm). Der Quader hat die Masse $m = 84$ kg und besteht aus Marmor, von dem ein Kubikzentimeter eine Masse von 2,8 g hat.

a) Bestimme das Volumen des Quaders!   / 5 Punkte

b) Berechne die Höhe des Quaders!   / 3 Punkte

Bewertung	
23 bis 24 Punkte	Sehr gut
20 bis 22 Punkte	Gut
15 bis 20 Punkte	Befriedigend
unter 15 Punkte	Wiederhole die Stoffgebiete noch einmal, bei denen du die wenigsten Punkte erreicht hast.

/ 24 Punkte **GESAMT**

Formelsammlung

Zahlen und ihre Teiler
Gilt $t \mid a$ und $t \mid b$, dann $t \mid (a + b)$ und $t \mid (a - b)$
Ziffernsumme = Summe der Ziffern einer Zahl z.B. 354 → 3 + 5 + 4 = 12
Primzahl = Natürliche Zahl größer oder gleich 2, die nur durch 1 und sich selber teilbar ist.
Zusammengesetzte Zahl = Jede Zahl, die sich als Produkt von Primzahlen schreiben lässt.
kgV (a, b) = $(a \cdot b) : \text{ggT}(a, b)$
ggT (a, b) = $(a \cdot b) : \text{kgV}(a, b)$

Brüche	
Erweitern von Brüchen:	$\dfrac{x}{y} = \dfrac{x \cdot n}{y \cdot n}$
Kürzen von Brüchen:	$\dfrac{x}{y} = \dfrac{x : n}{y : n}$ ($n \mid x$ und $n \mid y$)
Addition gleichnamiger Brüche:	$\dfrac{a}{n} + \dfrac{b}{n} = \dfrac{a + b}{n}$
Subtraktion gleichnamiger Brüche:	$\dfrac{a}{n} - \dfrac{b}{n} = \dfrac{a - b}{n}$
Brüche mit natürlichen Zahlen multiplizieren:	$\dfrac{x}{y} \cdot n = \dfrac{x \cdot n}{y}$
Multiplikation von Brüchen:	$\dfrac{x}{y} \cdot \dfrac{a}{b} = \dfrac{x \cdot a}{y \cdot b}$
Brüche durch natürliche Zahlen dividieren:	$\dfrac{x}{y} : n = \dfrac{x : n}{y}$ falls $n \mid x$ $\dfrac{x}{y} : n = \dfrac{x}{y \cdot n}$ ansonsten
Division von Brüchen:	$\dfrac{x}{y} : \dfrac{a}{b} = \dfrac{x}{y} \cdot \dfrac{b}{a} = \dfrac{x \cdot b}{y \cdot a}$

Prozent / Promille
Prozentrechnung:
$W = G \cdot \dfrac{p}{100}$ $\quad\quad p = \dfrac{W \cdot 100}{G}$ $\quad\quad G = \dfrac{W \cdot 100}{p}$
Promillerechnung:
$W = G \cdot \dfrac{p}{1\,000}$ $\quad\quad p = \dfrac{W \cdot 1\,000}{G}$ $\quad\quad G = \dfrac{W \cdot 1\,000}{p}$

Formelsammlung

Winkel

1° = 60' (Winkelminuten) = 3 600" (Winkelsekunden)
1' = 60"
α und β sind **komplementäre Winkel**, wenn α + β = 90°
α und β sind **supplementäre Winkel**, wenn α + β = 180°

Dreiecke

In jedem Dreieck gilt für die Innenwinkel: α + β + γ = 180°
SSS-Satz: Ein Dreieck ist eindeutig konstruierbar, wenn man die drei Seitenlängen kennt.
SWS-Satz: Ein Dreieck ist eindeutig konstruierbar, wenn zwei Seitenlängen und der von den Seiten eingeschlossene Winkel gegeben sind.
WSW-Satz: Ein Dreieck ist eindeutig konstruierbar, wenn die Länge einer Seite und die der Seite anliegenden Winkel gegeben sind.
SSW-Satz: Ein Dreieck ist eindeutig konstruierbar, wenn die Längen zweier Seiten und der Winkel, der der längeren Seite gegenüberliegt, gegeben sind.
Streckensymmetrale = Streckenhalbierende, steht normal (senkrecht) auf die Strecke
Winkelsymmetrale = Winkelhalbierende
Höhenschnittpunkt, Umkreismittelpunkt und **Schwerpunkt** eines Dreiecks liegen immer auf einer Geraden (Euler'sche Gerade).

Vierecke / Vielecke

Die **Winkelsumme** in jedem **Viereck** ist 360°.
Die Winkelsumme in jedem n-Eck ist $(n - 2) \cdot 180°$.

Statistik

Mittelwert = $\dfrac{\text{Summe der Werte der Liste}}{\text{Anzahl der Werte}}$
relative Häufigkeit = $\dfrac{\text{absolute Häufigkeit}}{\text{Gesamtzahl}}$
prozentuelle Häufigkeit = (relative Häufigkeit mal 100) %
Höhe des Histogramms = $\dfrac{\text{absolute Häufigkeit}}{\text{Klassenbreite}}$